想《そう》動《どう》変《へん》の リーダーシップ

大井 俊一

おもしろい発想が人の心を動かし現状を変えていく

中堅リーダーに期待する リーダーシップの道すじ

東京図書出版

はじめに

企業は経営の中核を担う中堅リーダーの力量で勝負しているといっても過言ではありません。中堅リーダーが活躍するとき、その武器となるのは「ユニークなおもしろい発想で人の心を動かし、現状を変えていくリーダーシップ」です。

現在の中堅社員は長い不況の時代に入社しています。各組織は新人をじっくり育てる余裕がなく、彼らはそれぞれに組織に適応して自立していくことが期待されました。後輩がなかなか入ってこない現実もあって、十数年のキャリアを重ねてきても、それは個人力の発揮の方向にむけられ、数人の小さいチームであったとしても、リーダー的役割が期待されることはほとんどない、という職場環境ではなかったでしょうか。

事業の最前線に立ってきた彼らは、多くの体験を通じて自信が芽生え、培ってきたノウハウを活用して難局を突破し、自分は自立しているという実感をもっています。経営サイドはその成果を評価すると、ある時点で彼らにチームを預け、一人の限られた成果以上の、さらに大きな成果を期待します。こうして猶予もなく新しいチームリーダーが誕生することになります。

しかし個人力で成果を上げチームリーダーになっても、リーダーシップの意義を自覚できないでいると問題が生じてしまいます。自分の中で変化の必要性を認識できない場合と、自己変革を試みようとしても、その方法が分からない場合があります。ほとんどの場合、これまでの個人プレーでの成功体験を基に、経験と勘でチームメンバーに指示し、同じやり方で成果を上げようとします。しかしメンバーは、それぞれにリーダー自身とは個性も、得手不得手も異にし、社内での職務経歴や成功、失敗の経験も異なるという現実があります。それぞれの価値観、即ち物事の価値の重要性を判断するときの優先順位が異なることから、物事への共感性や理解は異なり、納得し合うことの難しさを露呈します。

それでは、これからチームリーダーを目指すとき、あるいは新たにチームリーダーに任命されたとき、またすでに中堅リーダーとして活動しながらも、多くの悩みを抱えているとき、どのように自己変革を遂げていけばよいのでしょうか。

中堅リーダーがイキイキと育っていく状況を想像してみることがよくあります。そのときまず考えることは「チーム」に期待されている使命は何か、そしてどのような機能を発揮しなければならないかということです。頭に浮かぶことや他社の情報も参考にしながら簡単な形にまとめて仲間や上司と話し合ってみると、自分たちが果たすべき使命や機能がより具体的に浮かんできます。次に中堅リーダーとして、この役割を果たすために何を学び、考え、行動するかをイメージし、それを日常的な目標達成のプロセスの中に組み込んでいきます。

そこで大切なことは、リーダーの役割を「マネジメント」と「リーダーシップ」に分けて考えることです。「マネジメント」は、組織の目標に対して、経営資源であるヒト・モノ・カネ・情報を効果的に効率よく管理して成果を上げることを意味します。次々に飛び込んでくる課題に優先順位をつけ、目標を設定し実行計画を作成し、ゴールに向かう一つひとつのマイルストーンにどのように到達するかが主要な役割です。ここで強く求められることは、目標に挑戦する「how」と「when」への取り組みです。優れたマネジャーは、実務的ノウハウや種々の手法を駆使して、目標達成への組織運営力を発揮します。どちらかというと、より社内志向で、問題解決を図りながら安定的に結果を出していくイメージです。

一方「リーダーシップ」とは、チームのあるべき姿、ありたい姿を頭に描き、現実とのギャップに対して、それが「なぜ」生じているか、このギャップを埋めるために「何」をすべきかを考え、そこで取り上げた優先順位の高い課題を目標に掲げ、統率力を発揮して成果を生み出していく、この指導者としての任務、能力を意味します。そこにはチームの現状を分析し、「why」「what」を思考する感性と想像によって、混沌の中に課題を見出す創造力が求められます。情報の収集と論理的思考、そしてそこから湧き出た創造的発想を基に、目的を実現していく判断力、決断力、実践力が大切な要素になります。未来に向かって時間軸で考える姿勢と、広く世界に向けて視野を拡げる姿勢が感じられます。

マネジメントは上司、先輩のやり方を見ていると、論理的にも理解しやすいように思えます。しかしリーダーシップは、想像と創造とセンスの世界に踏み込んでいくことになり、既存の論理を学びながらも、感性を研ぎ澄ました孤独な世界で戦うことになります。思いつめた長い時間を経て突然浮かび上がる創造的な発想や、考え続け試行錯誤を続けていたが故の偶然の発見といったことがリーダーシップの大きな要素になってきます。多くの不確かな要素を目標や実行計画の中にどのように織り込むか、リーダーの悩み深いところです。課題解決に対して常に論理的に難しい判断と、自我を超越して心を決める決断に迫られます。

参考のために、ジョン・P・コッター著『第2版　リーダーシップ論』に述べられている両者の定義を転記しておきます。「マネジメントとは、計画と予算の策定、組織編成、人員配置、統制、問題解決を通じて、既存のシステムを動かし続けること」だと。一方で「リーダーシップとは、ビジョンと戦略を策定すること、戦略にふさわしい人員を結集すること、障害を克服しビジョンを実現するために、社員にエンパワーメントすることである」と記されています。

現実に組織を預かる者には、どのような場面でもリーダーシップとマネジメントの両方の能力が求められます。しかし社内の身近な課長、部長を両者の定義にそって厳密に見てみると、「リーダーシップ型」と「マネジメント型」に分かれます。コッターも指摘しているように、両者は本来資質的に異なるものです。資質的にミスマッチの人事配置がなされている場合や、また組織環境の変化によって期待される役割が変わってしまっている場合もあります。従って時々の役割の優先度から判断して、リーダー的要素を強調すべきか、マネジャー的要素を強調すべきかを考えていくことになります。

そこでまず、自分の資質をこの両者の意味するところと照らし合わせて考えてみます。自分の特性の偏りに早く気付けば、環境変化に遅れることなく、自分自身の長所を活かし短所は他のメンバーに補ってもらえる関係を、早期に整えることができます。私の長い会社生活の経験からみると、「マネジメント型」のしっかりした、いわゆる管理者という人はかなり多く頭に浮かびます。しかし「リーダーシップ型」といえるリーダーは非常に限定されてきます。ビジネス誌などに「優秀な社員はたくさんいても、リーダー不足が多くの企業での共通の悩みになっている」との指摘があるのも理解できます。

最近幹部候補の30歳代の後輩と話をしていて、ドキッとしたことがありました。彼が「自分はマネジャーにはなりたいと思っている。だけどリーダーはいやだ」と言ったことです。漠然とではあっても、リーダーシップとマネジメントとの違いを感じていて、このような発言になっているのだろうと思いました。仲間の中にも同じように思っている者がいるとも言っていました。リーダーになると何かしら自分の知識、経験ではコントロールできない難しいことが起こりそうな感じとか、外部要因が多すぎて将来の自分の活動を具体的にイメージできないといった不安があるようです。リーダーシップの未知の大きさを感じすぎて、尻込みしているのだと思います。そこで本書では中堅リーダーを対象に、職務経験だけでは理解することが難しく、イメージもしにくい「リーダーシップ」に絞って、考えていきたいと思います。

リーダーが発揮するリーダーシップの優劣は簡単には評価できません。優れたリーダーでも、成果を上げることが極めて困難な状況に身を置かなければならないときがあります。たとえ優れたリーダーシップを発揮していたとしても、成果に直結しないこともあります。リーダーに対する評価は、どのような状況においても、そのときリーダーがそこで何をしようとしたのか、具体的に何をしたのか、そして長期的な事業経営の視点でどのような影響をもたらしたのかというところまで長いスパンで丁寧に見ていく必要があります。優れたリーダーシップが埋もれてしまい、後になって認められたとしてももうそこにはいません。しかしどのような状況にあっても、優れたリーダーシップを発揮したプロセスは必ずメンバーの心に残り、そのエッセンスは継承され組織風土となり、優れたリーダーを新たに生み出す土壌になっていきます。

優れたリーダーシップで成功体験をもつ人でも、「学び」を怠ると慢心が高じて傲慢さに溺れてしまいます。状況の変化に対応できない固まった思考が組織能力の多様化を阻害するからです。その結果逆境に立つと、さらに独善的拙速を繰り返して墓穴を掘っていきます。優れたリーダーの条件の一つは、変化に対応した有能さの持続力です。

またリーダーシップに劣るリーダーであっても、好調な事業環境で期待される成果を上げているときは、その課題はさほど問題にはなりません。しかし強力な競合品が参入してくるなど一転して激戦状態になったときは、たちどころにリーダーシップのありようが露呈し、立ちすくみ、何の決断もできないことになってしまいます。このような人の課題も「学び」を怠っていることです。通常現場で現実を体験的に学ぶことを怠ります。そして出版物等を通じて、事業経営の原理原則や、多くの仮想体験から経営課題とその解決へのヒントを学ぶ感性に欠け、努力を怠ります。リーダーは「学び」を続けることで、自分の意思を論理的に、共感と納得を確認しながら、そして情熱をもって語ることができるのです。

それでは中堅リーダーが自ら成長しイキイキとリーダーシップを発揮するためには、どのような学びと思考のプロセスをたどればよいでしょうか。本書を参考に「知識・経験を深め」「課題発見・課題解決への発想力を高め」「現実になった課題に新たな視点でチームを率いて挑戦する」、この三つの要件がサイクルを描きながらラセン階段を上っていくように、より高いレベルを目指して歩を進める、このスパイラルアップの実践に、高揚感をもって踏み込んでもらいたいと願っています。

想動変のリーダーシップ❖目次

はじめに …… 1

第一章 リーダーシップの基礎知識 [I] …… 17
知識を豊かにしてくれる思考回路をもとう

1 Plan-Do-Check-Action (PDCA) サイクルを再認識しよう …… 19
2 知識・経験・ひらめきで創造性を発揮しよう …… 24
3 知識の「収束」と「発散」を繰り返すプロセスが、思考を拡げ深める …… 29

第二章 リーダーシップの基礎知識 [II] …… 36
経営戦略論を学ぶと仕事の展開力が違ってくる

1 「五つの競争要因」から経営戦略全体を見直す …… 37

2 優れた戦略は〝おもしろい〟ストーリーになっている……45

第三章 中堅リーダーは自ら新しいビジネスプランを発想しよう……53

1 世界のトレンドを知ってビジネスチャンスのヒントをつかもう……55

2 革新的なビジネスプラン発想の原点を確かめよう……60

(1) 市場ニーズの芯をとらえる発想
(2) 対立する課題には両立、統合、飛躍思考で突き抜ける発想
(3) 考えてみれば「当たり前」の発想
(4) 常識や合理的といわれる事柄の逆の発想
(5) 競争要因の分析から見えてくる勝負どころの気付き
(6) 社内改革の徹底で抜きん出る発想
(7) 現場主義の落とし穴を理解し、その対策から発想するビジネスプラン

第四章　創造性を育む「場」と「システム」を考えよう……95
1 創造的思考を育む「場」を考える……96
(1) 同じテーマをもっている人たちが共鳴し合って集まる「場」
(2) 日常の雑談から派生した気心の通じ合う人たちとの交流の「場」
(3) 社内のフォーマルな会合後のインフォーマルな「場」
(4) 組織ニーズに対応して企画された「場」
2 組織のイノベーション推進機能を担うシステムを考える……107
(1) イノベーション情報のハブ機能
(2) イノベーションセンターの運営指針
(3) アイディアから事業革新へのプロセスにおける課題と対策

第五章　中堅リーダーの統率力……129

1 人を巻き込む吸引力……133

(1) 聴く心と寄りそう心

(2) たずねる心と率直な話し合い

(3) ほめる、そして適正な役割を与える

(4) ビジョンを語り魅力的な新局面の創出に共鳴し合う

(5) 率先垂範

2 勝ちを予見させてくれる勢い……142

(1) 勝つことへの意欲と意志の共有

(2) 勝つための「組織構造」「チーム編成」「チーム運営力」の三位一体

3 現場対応力……155

(1) 説得力・交渉力の六つの原則

⑵ 現場対応力に強い人の特質

第六章　チームメンバーの育成ポイント……163

1 次世代リーダーの育成……165

2 社内プロフェッショナルの育成……169
⑴ プロフェッショナル候補を発掘し寄りそう
⑵ プロフェッショナルへの動機付け
⑶ プロフェッショナルの営業力

3 受動行動から能動行動への成長、変身支援……182
⑴ 経験不足の若者へのアドバイス
⑵ 課題解決力不足の実務経験者へのアドバイス
⑶ 不平不満をもって意欲減退している者へのアドバイス

おわりに …… 189
参考文献 …… 193

第一章 リーダーシップの基礎知識［I］

知識を豊かにしてくれる思考回路をもとう

リーダーとして、「組織が進むべき方向を指し示す」そして「メンバーを統率して成果に導く」、このリーダーシップの能力をどのように磨いていけばよいのでしょうか。問題が山積し複雑に絡み合っているとき、当事者である組織リーダーはまずは自分の中に回答を模索します。他に意見を求めるのは自分なりに課題の本質を概観してからです。このことを念頭に、自ら学び、考え、行動する力を養い、感じる力、創造する力を磨くことの大切さを実感してもらいたいと思います。

企業での次世代リーダー研修会に参画して思ったことは、彼らの自信の裏付けの主たるところが経験と勘だということです。彼らがステップアップするための第一の自己開発目標は、経験と勘から脱皮して多様性に向き合うことです。そのためにリーダーシップの源になる基礎知識を是非とも身につけてもらいたいのです。必要と考えられる重要な基礎知識は、すでに出版されている多くの書籍の中に示されています。従ってここのところは先人たちの論理に素直に乗った方が分かりやすいと思います。本書では私自身が実際に活用している基礎的な知識の中から、「第一章　知識を豊かにしてくれる思考回路」そして「第二章　経営戦略論」を取り上げました。これらの基礎知識の全体像を把握した上で、最優先で何をより深く学ぶべきか、現実にどう適用できるかと考えながら、自分自身にとって大切なところをくみ取ってください。

リーダーは日々の多様な事象に対して、学び、考え、判断し、決断して行動することが任務です。事に直面したとき、何事も想定外だと立ちすくんだり、ただ拙速に突っ走ってしまってはリーダーとして失格です。事業や組織の現状と将来を考え洞察力を高めるために、日常的な知識獲得の努力は必須です。学び続けることの大切さは誰しも分かっています。しかしそこで何を学べばその知識が事業経営の基礎になり、現実の課題を考える糧になるのか、またそれは事業全体の将来を見通す力になるのかが大きなテーマです。ただ漫然と考えたり思いつきで知識を得たのでは、時々の部分的な解決策にすぎなく全体像の把握にはならないし、将来への戦略思考もできません。

そこで自分なりに標準化した思考回路をもち、日頃どのような事象にもその思考回路を回す習慣をつけておけば、課題に対処する思考の切り口、そして少なくとも解決へのキッカケを見出すことはできるでしょう。自分なりに納得しやすく、できれば成功体験に裏打ちされた「思考の手段」をもっていることがポイントです。この日常の思考習慣から、誰も気付かなかったような新たな課題が浮かび、さらなる学びが動機付けられていきます。思考の拡がりの過程で、他者との知的相互作用が始まります。ここで示す思考回路をチームメンバーとも共有できれば、コミュニケーションもしやすく、論理的な意見が飛びかい、飛躍したアイディアも理解し認め合おうとする風土ができ、創造的で強い組織に成長するでしょう。

この第一章にはリーダーが思考習慣として身につけてもらいたい、三つの思考回路を取り上げます。

1 Plan-Do-Check-Action（PDCA）サイクルを再認識しよう

最初に、Plan（計画）-Do（実行）-Check（検証）-Action（修正）サイクルの思考回路を取り上げます。これは仕事を進めていくとき、あらゆる場面で活用できる基本的な思考回路だからです。このＰＤＣＡサイクル思考は、半世紀以上も前に企業が品質管理を重視し、ＱＣ活動を展開し始めて以来の長い歴史をもっています。ベテラン社員にとっては身体にしみ込んでいます。しかし若い世代には親しみが薄いかも知れません。ここに改めてＰＤＣＡサイクルの思考プロセスを提示して、活用の仕方を説明します。

仕事に当たってはまず課題解決のための目標を設定し、実施計画を作成し実行していきます。その結果の意味するところを統計的に解析したり、市場や業界、学会の情報と対比させながら、事業的意味を分析し検証します。そして検証から得た知識を基に目標の見直し作業に入ります。新たな目標を設定するために、現場、現物、現実の「三現主義」の視点で調査の視野を拡大し、飛躍した発想も取り入れて、修正あるいは変更した課題解決のコンセプトをまとめ、改めて挑戦目標を設定します。こうしてラセン階段を一回り上った新たな目標のもとで、新たな実施計画を作成し実行していきます。

このPDCAサイクルは誰でも知っていますが、現実の事象に当たって、直ちにこのPDCAサイクルを頭に浮かべ、課題発見、課題解決の手掛かりにしようとする認識は乏しいのではないでしょうか。今取り組んでいる事柄がPDCAサイクルをどのようにたどってきているかを確かめてもらいたいと思います。今チームの計画を協議しているところであれば、過去の行動の結果に対する分析、検証、新たな課題の共有化、目標の見直しの作業がどのようなものであったか、そしてそれが今検討されている計画にどのように反映されているかということです。ステップ毎の情報の受け渡しを丁寧に吟味していく必要があります。

また、競争環境の中でわがチームのあるべき姿を考え、改革を進めようとするときにも活用できます。自分自身の場合と同様に、チームもまたチームとしてのPDCAサイクルを回しながら機能を発揮し成果を上げ、チーム能力を高めていきます。例えばより高い成果を上げるために、わがチームはどの機能を強化すべきなのか、その強化のために何をすべきかと考えるとき、このPDCAサイクルにそって考えると、どこのステップを優先して強化すべきかが浮かび上がってきます。情報収集に注力すべきか、考えを巡らせているよりも行動すべきか、これまでの結果をしっかり分析し直してみるべきかなど、優先的に思考し行動すべきパターンが明らかになってきます。それが組織改革の新たな目標になって、チームのレベルアップに具体的に連動し、プロジェクトの成果に貢献し、関連知識・技能も蓄積されていきます。

ＰＤＣＡサイクルに沿った思考回路をあらゆる場面で適用してみてください。そのとき注意しておきたいことは、ＰＤＣＡはサークルになっていて、常にＰ（計画）から始まるということではなく、どこから始まってもよいのです。ここで私自身の体験をお話しします。

はるか以前のことですが、私が幹部職になって最初の研修のとき、いきなりレポート用紙を渡され、今から2時間で「私の管理構想」というテーマで書け、と言われたのです。チームの機能をどのように効果的・効率的に運営して成果に導いていくか、と問われていると理解したのですが、チームの現状を考えると、ここで胸を張って発表できるようなレベルではありませんでした。挑戦的な目標に取り組むには組織能力はあまりにも低い状態で、経営の期待に応えられる将来構想をもてないでいました。何をどう書けばよいのか分からなくて、しばらくぼんやりしていました。そのとき頭に浮かんだのがＰＤＣＡサイクルでした。まず仕事を始めるには「計画」からと考えるのですが、我々の計画力は乏しいものでした。そのころはただ依頼されたことを低い技術力でこなしているだけで、結果に対しても解析するほどのことはなく、生データを整理しただけのものを依頼者に渡すレベルでした。従って結果の分析力は低く、新たな課題の発見もなく何かを提言することもないというのが現実でした。

白紙のレポート用紙を見つめながら考えたことは、Ｐ・Ｄ・Ｃ・Ａのどれもが低レベルで、スパイラルアップしようがないということでした。ではＰ・Ｄ・Ｃ・Ａのどのボタンを強く押せばチーム力がスパイラルアップしていくのか。Pボタンは Aがダメなのでレベルの上げようがない。C・AはDが単調すぎてレベルアップできない。ここに至ってようやく今自分の意志で具体的に変えられるのはDだと、最初に強く押すボタンはD、即ち「実行」しかないと気付きました。依頼実験にもプラスアルファーを付け加えよう、何か新しいテーマになるようなアイディアを募集してみよう、未経験のことも躊躇なく挑戦してみよう、外部に技術を学びに行こう、他部門にも領域を拡げて仕事を取りに行こう、まずは何でもやってみようと。幼稚な技術力であっても、気持ちを強くもって一段上を見つめて取り組んでみよう。そうすれば必ずC・A・Pがついてくると。自分たちのチームにとって、本当に大切なことはこういうことだと確信して、一気に文章を書き上げました。タイトルは「D－C－A－Pサイクルによる管理構想」としました。研修最終日の午後、人事・教育担当、事業総括担当、研究・開発担当の役員らの前で一人ひとり作文を読んでいきました。そこで思いがけず、「君の考えていることは分かりやすくていい」とほめてもらいました。こうしてPDCAサイクルに救われたことを思い出します。

この話を営業の友人に話したところ、彼にも類似の経験があると次のように語ってくれました。「長い間目の前の売り上げ予算に追われ、活動がマンネリ化しているなと思ったとき、これでよいのかと、一度見直してみたいと考えるようになった。グループメンバーに協力してもらって、顧客と、同じ消費層の非顧客へのアンケート、また社内でも、生産部門、事業部スタッフ、他の営業グループメンバーにアンケート調査をして現状を分析する機会をもった。その結果、自分たちの営業活動の長所、短所を確認でき、さらには製品改良のヒントや新製品開発のアイディアも浮かんできた。またこのアンケートを通じて市場との話し合いの場が増え、社内的にも部署の垣根を越えたコミュニケーションがしやすくなった。この見直し作業はその後の事業活動にとって大きな収穫だった」と。続けて「これはＣＡＰＤサイクルのパターンだね」と。

ＰＤＣＡサイクル思考は論理的で分かりやすいために、思考過程に仲間も入りやすい特徴があります。大きな課題だけではなく、身の回りの小さなことであっても、わきを固めながら論理的な基本行動を繰り返し、成果を積み上げていくことに役立ちます。日頃からＰＤＣＡサイクルを回すトレーニングを重ね習慣化していると、何かしら自分の内なるものに確信がもてるようになり、精神的に強くなります。

ここで再度強調したいことは、ＰＤＣＡサイクルを文字通りの順序で思考回路に定着させるのではなく、ＤＣＡＰサイクルもあるし、ＣＡＰＤもあり、修正コンセプトを丁寧に練り上げることを強調したい場合は、ＡＰＤＣサイクルもあるのです。状況に応じて自分なりに最適と考える順序を現実に当てはめる、このことを意識的に実施できると、リーダーシップの意図が明解になります。

ＰＤＣＡサイクルは長い歴史の中で今も大切な思考回路として生きていますが、充分活用されているとはいえません。ＰＤＣＡは理解しやすくメンバーとも共有できる思考回路で、個人的あるいは小さなチームレベルでの活動では、サイクルをうまく回すことができます。しかし大きな目的をもつプロジェクトで活用していくとき、Ｃ（検証）があいまいになってＰＤＣＡがうまく回らないという難しい課題も出てきます。思いつきレベルの検証では、結果の本質的な意味は見えてこないし、またうまくいっていないときには責任回避への思いから検証を深めようとしない力も加わります。リーダーはＰＤＣＡサイクルのスパイラルアップを阻害する要因を分析し克服していく力量が必要です。この立ちはだかる壁を乗り越えＰＤＣＡをあるべき姿で回す過程で、リーダーとして確実に成長していきます。

ＰＤＣＡサイクルを目的達成に貢献する思考回路の一つとして習慣化し、ここに改めてその重要性を再認識しリーダーシップの武器にしてもらいたいと思います。

2 知識・経験・ひらめきで創造性を発揮しよう

通常私たちが物事を考えるとき、演繹法と帰納法の二つの論理的思考回路をたどります。「演繹的推論」で直面している課題の解決を図ろうとするときには、歴史的評価を経ている法則や定説、論文情報、業界情報、マスコミ情報などを根拠に作業仮説を立てます。この思考法は日常的に抵抗なく取り入れられ、自然に頭に浮かびます。現実の混沌から抜け出そうと、強力な説得力をもって変革を志すとき、その突破力の論理的根拠を与えてくれます。ただ一方で、過去の知識を武器に未知のことに対処しようとするところにリスクがあり、過信は避けなければなりません。

リーダーそして組織が、演繹的思考に偏ってしまうと、知識偏重、現実軽視のリスクが高まります。ややもすると課題解決に当たって、演繹的推論を成立させる根拠を恣意的に探して説得したり、得られた結果も客観的に見ようとはせず、仮説に合致する事実だけを拾ってしまいがちです。独裁的ワンマンリーダーの、結論ありきという独善的思考が幅をきかせ、悪い意味での官僚思考に陥ってしまいます。この独善の弊害を未然に防ぐためにも、三現主義（現場・現物・現実）をベースにしたＰＤＣＡサイクルのＣ（検証）とＡ（修正）の重要性が浮かび上がります。

「帰納的推論」は、課題に関連する過去の事例や行動の結果の解析から、現状の課題の本質や法則性を導き出し、それを糸口に課題解決の仮説を立てる思考プロセスです。現実に立脚した思考法であるために、個人や組織の思いつきや恣意的思考に影響されにくく、客観的で理解しやすい安定感のある推論法です。ただ帰納法にも問題点があり、これまでの経験を分析するだけで将来の価値観や評価基準にどこまでの意味をもつか、という点です。現状分析には優れた手法ですが、未知の世界に向かって飛躍した発想を導くためには、新たな想像力が求められます。

演繹的推論も帰納的推論も思考を論理的に組み立てる上で極めて重要で、リーダーとしての説得力を高める大切な思考法です。また自分の考えをストーリーをもって表現するのにも役立ちます。しかし、両思考法はともに過去の知識や経験を基にしている点で、未知の世界に飛躍する発想を生むことは難しいと考えなくてはなりません。そこで次に第三の思考法、「アブダクション」について考えてみましょう。

「創造的思考の三本の矢」の三つ目は、飛躍的な発想を生むアブダクション的推論法です。アブダクションとは、知識や経験の蓄積から豊かに膨らんだ暗黙知（個人的な経験やイメージ、あるいは自己の内面に認識された知識。すぐには的確な言葉で表現できないもの）から、フーと浮かんだ

「着想」、あるいは暗黙知が絡み合って生まれた直感的な「ひらめき」です。インスピレーション、勘、第六感といってもよいでしょう。ただ「ひらめき」には危うさがあります。今見えている表面的な移ろいやすい事柄をベースに第六感だけに頼った、一時的な単なる「思いつき」では後に裏切られるからです。ここで期待されるアブダクション発想とは、情報や理論に裏打ちされた論理的な思考で試行、分析を徹底して繰り返すうちに直感的に浮かんでくる発想を意味します。演繹法、帰納法では発想できない何か、また現実のしがらみや、あきらめている現状から脱却したところにある大切な何か、飛躍したところの何かを期待します。リーダーはメンバーからユニークなアイディアが発せられたとき、その発想の背景をよく理解する必要があります。そこにアイディアがもつ意味の軽重が潜んでいるからです。

リーダーは、個々から発せられるアブダクション発想に関心を示し、組織として検討し育てようとする意志を示します。そのことによって、メンバーは暗黙知を豊かにしよう、論理的に考え抜こう、インスピレーションをとらえようと創造的活動の動機付けが与えられ、組織のイノベーション文化が芽生えます。

「アブダクション」という推論法は、演繹法、帰納法に比べてなじみが薄く、意識されていないのではないでしょうか。アブダクションに相当する「ひらめき」は極めて日常的なものですが、その意味するところを論理的に説明することは難しく、計画的に発想できるものでもありません。このようなこともあって、アブダクション発想の位置づけは低く、そのためにひらめきを誘発するプロセスの重要性、即ち暗黙知を充実させる意義への認識に乏しく、さらにひらめいたアイディアを見守り育てるプロセスの大切さも意識できていないのではと考えます。アブダクションという言葉の的確な日本語訳はないようで、もっぱら「アブダクション」と表示されていますが、この機会にその意味するところを理解して、三つ目の推論法として会得してもらいたいと思います。イノベーション発想には「演繹」「帰納」「アブダクション」の三本の矢が必要だからです。

かつて私が企業で現役のころ、尊敬する経営トップと雑談する機会がありました。私が「事業経営で大切に考えていることは何ですか」とたずねたところ「事業の原点は現場だね」と、しかし続けて「現場だけでもないなぁ」と言って次のような話をしてくれました。「自分は経営施策を考えるとき、まずは経営企画部門と相談して一次的なコンセプトをまとめるが、それが現場の意見と異なる場合がある。その時は帰納的思考に戻して、必ず現場での実状を確認させ、コンセプトの修正案を出させている。そこでも両者の考えが合致しない場合は、あくまでも経営の演繹思考を推し進めたり、もう一度別の視点で帰納的検証を試みることもある。しかし両者とも経営決断を下すには根拠が弱いと判断した場合は、計画を一時ストップさせて関係者にアブダクションを促す場面を作ってきた」と言われました。そこでこの機会にと「演繹的思考や帰納的思考、アブダクション発想はトレーニングできますか。どうすればよいのでしょうか」と聞いてみました。彼の語るところは、「演繹思考は本や雑誌をたくさん読むこと。最近はテレビでもビジネス関係の番組が多くなっているようだし、歴史ものや心理学、脳科学などもおもしろい。特に異業種で特徴ある企業をいくつかピックアップして研究してみることだね。帰納思考は、とにかく担当している分野で様々な経験を重ねることだ。そのうち膨大なデータや、ノウハウ、知識が蓄積され、そこで得た情報から、共通するものが結び付きあって、その分野を動かしている仕組みやルールが見えてくるものだよ。アブダクション発想は、課題を左脳で論理的に考え続けることだね。試行錯誤を重ね、他人の考えに耳を傾け、多様な領域の書物などを読んで異質の情報に刺激され、徹底して考え続けていると、ある瞬間右脳が働いて思いがけないひらめきがあるんだ。理屈抜きにハッと『これだ！』とか『おもしろい！』とストーンと胸に落ちるということを経験しているだろう。それを大事にすることだよ。いろいろな情報を受け入れる度量、好奇心をもち続けることだね」ということでした。とても印象深く聴いたことを懐かしく思い出します。

イノベーション発想には「演繹法」「帰納法」「アブダクション」の三本柱が必須要件ですが、先に述べたように、それぞれに長所と短所をもっています。状況に応じて、どの推論から入るか、その後どの思考法で補うかと、それぞれの使い分けと相互補完についての認識をもって効果的な活用をしてもらいたいと考えます。

この三つの思考法を現場で活かそうとするとき、使い慣れたPDCAサイクルにそって考えてみると理解しやすいでしょう。「演繹法」はP重視でDに入っていきます。PDCAの順序でサイクルを回し、スパイラルアップを図ります。「帰納法」はC重視で過去の事例や行動の結果を分析、評価して次のA、Pに移っていきます。すなわちCAPDのサイクルで回り始めます。「アブダクション」は創造的なAが勝負どころです。行動結果の分析、評価の過程で暗黙知が蓄積されていき、その中には当然市場情報、競合企業情報、学術情報、一般的教養情報も入ってくるでしょう。目的に沿って考え続けることによって、バラバラに蓄積されていた暗黙知が絡まり合って一つの塊になったとき、何かがひらめき、発想の転換、飛躍したアイディアが生まれます。それを具体的に言葉で表現したのが、アブダクション仮説ということです。ということでアブダクションは、ＡＰＤＣサイクルを回すエンジンということになります。

3 知識の「収束」と「発散」を繰り返すプロセスが、思考を拡げ深める

私たちの日常で物事の考えをまとめるとき、ふと浮かんだ思いつきをそのまま提案書に書くことはないでしょう。まずアイディアを書き留め、次にその価値を検証し発展させるために、考えを巡らせたり広く調査をしたりと、試行錯誤を重ねていきます。こうして知識の「収束」と「発散」を繰り返しながら、思考を拡げ深めていきます。通常何気なく行っているこの大切な思考プロセスを意識的なものにするために、もう少し詳しく見ていきましょう。

対象となる課題に対して解決策を提示しようとするとき、蓄積された知識やいろいろな概念から一つのコンセプトに収斂させます。この思考過程を「収束」と表現します。またそこで収束させたコンセプトが不満足で、知識、経験が不足していると判断された場合には、既成の思考枠を取り除き拡がった視点で情報を集め、新たな知識を学び試行錯誤しながら知識や知恵を豊かにしていきます。この視野を拡げ新たな価値を探索する過程を「発散」と表現します。何らかの発想からスター

トして、その後「収束」「発散」を繰り返し具体的なコンセプトにまとめていきます。

課題に挑戦しようとするとき、どのように進めていくでしょうか。まず問題は何かを明示し、その解決のために「自分はこういうことに挑戦したい」という、極めて直感的、主観的にテーマを表現することから始めます。私はこれを「一次収束」と言っています。この一次収束の着想は、突然のひらめきレベルから発散過程をかなり経たものもありますが、いずれにしろそのレベルは、事業の観点からみると欠けや抜けも多く無防備なものです。経験豊かな先輩や上司に散々叩かれることは覚悟しなければなりません。ここでは批判を謙虚に受けとめ、粘り強くもう一度「発散」を計画することになります。応援してくれる人の意見も聞き、協力を仰ぐことも大切です。

自分なりの問題意識が鮮明になっていないと大切な情報に反応できません。目的意識をあいまいにしたままに、まずは周辺の調査をしてみようと「発散」に入っていくと、既存の思考枠にとらわれた単なる過去の情報整理に終わってしまいます。最初は漠然とした思いつきであっても、考えを重ね自分の信念や価値観を大切に、自由な発想で、非常識だと思われても「ありたい姿」として、一次収束させたコンセプトを書き出してみます。

ひらめきや思いを言語化することは、その過程で一旦客観視し、論理化する思考が働くために、大きな意義があります。言葉にしないでいると自分自身があいまいなままになり、単なる感覚で終わってしまいます。一度「ありたい姿」を表現することで、論理的に不備なところが明確になり、新たな発散の視点も見えてきます。一次コンセプトを導くには現状と将来をとにかく考え、考え抜くしかありません。その後に目的意識をもって「発散」を進めていきます。

知識の収束と発散を繰り返しながらもどこかでピリオドを打つことになりますが、時間的な制約がある中で、自分自身の「疑問と納得」をやれるところまでやれたと心が決まれば、そこで最終的なコンセプトに収束させます。そして行動に移っていくことになります。この思考回路は個人レベルの問題だけではなく、組織の思考習慣としても大切にしていきたいものです。

リーダーシップの欠如がアイディアの創造性を見抜けず潰してしまう場合も、また逆に独裁型ワンマンリーダーの鶴の一声で未熟なアイディアをそのままに、経営資源を投入して失敗する場合も、共に組織としての「収束」「発散」の繰り返し過程を省略しているためです。創造的な可能性の評価も、難関の先読みや予防対策も検討されていないのです。

「知識の収束と発散」を組織の指針として取り組むことによって、メンバー間で知識の交流が図られるだけでなく、メンバーの課題を客観的に見る力も養われ、目標に対する理解度も高まります。それが個性的な発想の拡がりや、応用動作、現場判断力にも好影響をもたらします。

ここまで「収束」と「発散」を繰り返す意義を述べてきましたが、現場でよく遭遇する実態を思い返すと、ここでいう「発散」プロセスを組織の思考過程に意識的に組み込むことがなかなかできないのです。成功体験が次の失敗につながりやすいのも、「発散」の重要性への気付きに乏しいからです。成功体験をもつと思考視野が固定化する傾向があります。時間の経過とともに環境は変化しているにもかかわらず、成功の論理はどうしても繰り返すことになりがちです。固定化した概念を揺さぶる情報があっても、苦労して獲得した概念や既得権益構造が崩れるかも知れないと恐れや不安を抱いて、無意識であっても異質なものを排除しようとします。それは個人、組織、企業も同じです。しかし長い人生では固定化した概念を変えなければならないときがあります。自分の生き方を変えるのであれば、切羽詰まった状況で受動的であるよりも、環境変化を俊敏に察知して能動的でありたいものです。

ここで「発散」のプロセスになぜ気付きにくいのか、あるいは意識的に気付こうとしないのか、その原因をまとめてみましょう。現状を見つめ直すのに参考になるかも知れません。

◆価値観を変えたくない

これまでの思考枠をはずすことで、もしそこに重要な価値を見出したら、固定化してきた自身の価値観を変更せざるを得ない。自分自身の生き方、考え方、知識、技術、行動パターンなど、アイデンティティの変革を迫られることになる。これは大きな恐怖で避けたいと思う。感情的にも拒否反応を示してしまう。

◆現状より悪くなるかも知れない

現状がうまくいっていないと分かっていても、新しい知識を入れたからといってうまくいく保証はないし、もっと悪くなるかも知れない不安がある。状況をよく理解している今の思考枠の中で、地道に改善していく道もあるのではないかと考える。

◆攻撃され孤立するのが恐い

固定概念を変えなければと気付いていても、一人で提案し行動する勇気がない。現状変革のアイディアを展開して評価されたい、あるいは目立ちたい欲求もある。しかし同時に、組織を覆っている既存の概念や価値観を揺さぶる異質な発言をすれば、一斉に攻撃対象になり、特に既得権を得ている上級者からの批難にさらされ孤立することが見えている。この恐怖、不安から自分自身の気付きを封印して組織の空気に迎合してしまう。

次に無意識でいては難しい「発散」の必要性を自覚し、「発散」を能動的に実践する方策を考えようと思います。

◆自ら現状の不安感、危機感の増幅を演出する

我々日本人は不安に思う傾向が世界でも強い方だと言われる。不安に思うからこそ、課題を早期に解決したいとの欲求が強く働き、また環境変化を察知する感性も鋭くなっている。我々のこの特性をここではポジティブな方向で活用してみよう。変化しつつある現状、やがて来る大きな危機、将来のありようを、今は自我を超えた客観的な心境でかつ鋭い感性を働かせて受け入れる。次に現実の自分に戻って、今のままの自分では未来の職場に居場所がないと自覚する。現状に感じているわずかの不安感をこの増幅手段を活用して大きく膨らませれば、「発散」によって枠の外に飛び出し自己変革の動機付けを自ら演出できる。

◆「発散」の意義と思考プロセスを理解する

今や情報はあまりにもあふれていて、限られた時間で意味ある「発散」をするためには、効果的、効率的な情報収集と選択の知恵が必要条件になる。まず一次コンセプトの意義を確認し、

情報収集の主たる領域を決める。そうすれば厖大な一般情報の中にも有用情報が潜んでいることに気付き、一方で多くの情報を大胆に初期の段階ではずすことができる。課題解決へのコンセプトがしっかり頭に入っていたら、歴史や人生論、心の問題、進歩する脳科学、世界の民族文化などの異領域の中に、ビジネス社会では通常気付かないヒントがあり、おもしろい情報もたくさん集まってくる。これまで自分を囲んでいた壁を壊せば、多領域の多様な知識が折り重なって確実に膨らんでいく。こうして集めた多くの情報を分類、整理すると目的とするところの概要が見えてくる。新たに収束させたコンセプトにさらなる「発散」の必要性を感じるとき、「収束」と「発散」の繰り返し作業の意義が納得でき、自然に習慣として身に付いていく。

◆「発散」の連帯の輪を拡げる

日常的に率直に話し合える仲間や上司、メンター（利害関係のない元上司や先輩、恩師等のよき助言者）がいるかどうかがポイントになる。組織的な抵抗が強い場合は少数で覚悟を決めて「発散」「収束」を重ね、提案する新しいコンセプトの成熟度を高く仕上げる。それをもって共感、納得、共有の輪を拡げていく。連帯の輪が少しずつでも拡がっていくと、責任感が高揚し仲間と協働しながら意欲的に知識を拡げ深めることになる。さらに説得力を高めようと「発散」と「収束」を繰り返し、必然的に思考習慣として定着していく。

リーダーの大切な役割は、穴の多いアイディアでもその中に光るものがあるかどうかを見極めるプロセスをもつことです。その光るものが本物になるかどうかは、ある程度まで「発散」させて磨き育ててみる必要があります。「発散」を回避しようとする通念を克服する最も効果的な方策は、組織構造の中に「発散」を推進し、支援するシステムをはめ込んでおくことだと思います。

第二章 リーダーシップの基礎知識［II］

経営戦略論を学ぶと仕事の展開力が違ってくる

事業活動の最前線に立つ中堅リーダーは社内外の現場で経営判断を求められる立場にあり、従って経営戦略思考はリーダーシップの重要な要素です。チームが担っている役割の意味を、事業経営の戦略的意義の中で理解するためにも、自分たちの仕事を経営戦略に反映させるためにも、リーダーは経営戦略論を学ぶことが必要です。

激しく変化する事業環境にあって、競争戦略論に無関心でいて経験と勘だけを頼りに対処しようとしても、そこには大きな落とし穴が待ち構えています。直感は大切ですが、すぐに論理的に意味づける知識と心の準備が必要です。経営戦略論を学んでおけば、次々に飛び込んでくる課題も経営全体の戦略構想の中で論理的に考えることができ、経験と勘を補強することができます。また現場からの細やかな改善のアイディアも革新的な提案も、経営の戦略・戦術のフィルターを通すと輝き度に大きな差が生じて、経営的判断の信頼度を高めることになります。こうして戦略思考に強みをもっと、学びのない人との発信力の違いがくっきりと見えてきます。

ビジネスマンの日常はピンチの連続です。ピンチに追い込まれたとき恐れを抱いて立ちすくんでいては勝負になりません。ピンチは大事なこととの出会いの可能性を秘めているとまずは受け入れ、次にその正体を見極めなければなりません。表面に現れたところだけで対処しようとしても本質的な解決にはなりません。本当の原因は隠れているものです。経営活動全体を経営戦略思考で見渡しながらピンチの原因を探り当て、目に見えるものにした上で経営戦略的に対処するという冷静で俯瞰的な判断が必要です。戦略思考をもって初めてピンチをチャンスに転換することができるのです。

それではどのような経営戦略論を学べばよいのでしょうか。書店に行くとたくさんの経営戦略論の書物が並んでいます。自分の感性に合う書籍を選んで学べばよいのですが、本書では二つの経営戦略論を紹介します。私自身が様々な事象を経営戦略的に考えようとするとき、今では習慣的に次の二つの戦略論が頭に浮かびます。アイディアの戦略的意味づけを考え、思考に抜けはないか、どの方向に「発散」の重点を置くかなど、多くの示唆をもらっています。いつの間にか私の中にしみ込んでいる二つの経営戦略論を紹介していきましょう。

1「五つの競争要因」から経営戦略全体を見直す

まずはM・E・ポーター著『新訂　競争の戦略』（1995：初版発行1982）を取り上げま

す。ポーターが論じている経営戦略論「五つの競争要因」は「ファイブフォース分析」と言われ、長年にわたって経営戦略理論の基礎になっている、あまりにも有名な理論です。それだけにどうしても外せない、知っておかなければならない競争戦略論です。

ファイブフォース分析は業界における自社事業の立ち位置を分析し、自社にとっての成長要因と成長阻害要因を解析し、現状の改善や新しい事業モデルを考えるのに役立ちます。ポーターが提示した五つの競争要因の関係図にそってファイブフォース分析のポイントを簡略に説明します。

①新規参入業者の動向分析

市場ニーズの高まりから売り上げが伸び、業界から注目されるようになると、新規参入業者の脅威にさらされる。新規参入企業を抑えるためには、参入障壁を強固にする業界戦略そして自社特有の戦略が求められる。一方新規に参入しようとするときのポイントは、業界特有の参入障壁の各要素をよく理解し、障壁を突破する総合的な戦略を考えることである。

②代替品の開発動向の分析

代替品とは既に市販されている製品やサービスの顧客に対して、新たな価値を提案する代替製品や代替サービスのことである。

通常市場に出た製品に対して、企業は主要顧客の新たな欲求を満たすべく改良を重ね、高収益化、シェアアップを目指す。その一方で、既存商品の非消費者の欲求も組み込んだ代替品を発想する動きも出てくる。この典型的なイノベーションの原則は、クレイトン・クリステンセンの著『イノベーションのジレンマ』の中で「持続的イノベーション」と「破壊的イノベーション」として説明されている。

「持続的イノベーション」は、市場の主要顧客の欲求に応えて、持続的に技術革新を続け、高品質、高性能、多機能の製品を開発し、高価格に設定して既存製品と代替していく。一方「破壊的イノベーション」は、製品性能が高まり機能が複雑化して高価になった既存品に対し、破壊的な価値基準を市場に提示することを意味する。それは性能が下回ったとしても低価格、シンプル、小型、使い勝手の良さといった新たな価値を市場にもち込むことで、逆転の発想とも言えるコンセプトとそれを実現する技術革新によって、既存製品に代替していくということである。

③顧客のニーズ分析とマーケティングの検証

定期的あるいは状況変化に対応して、組織

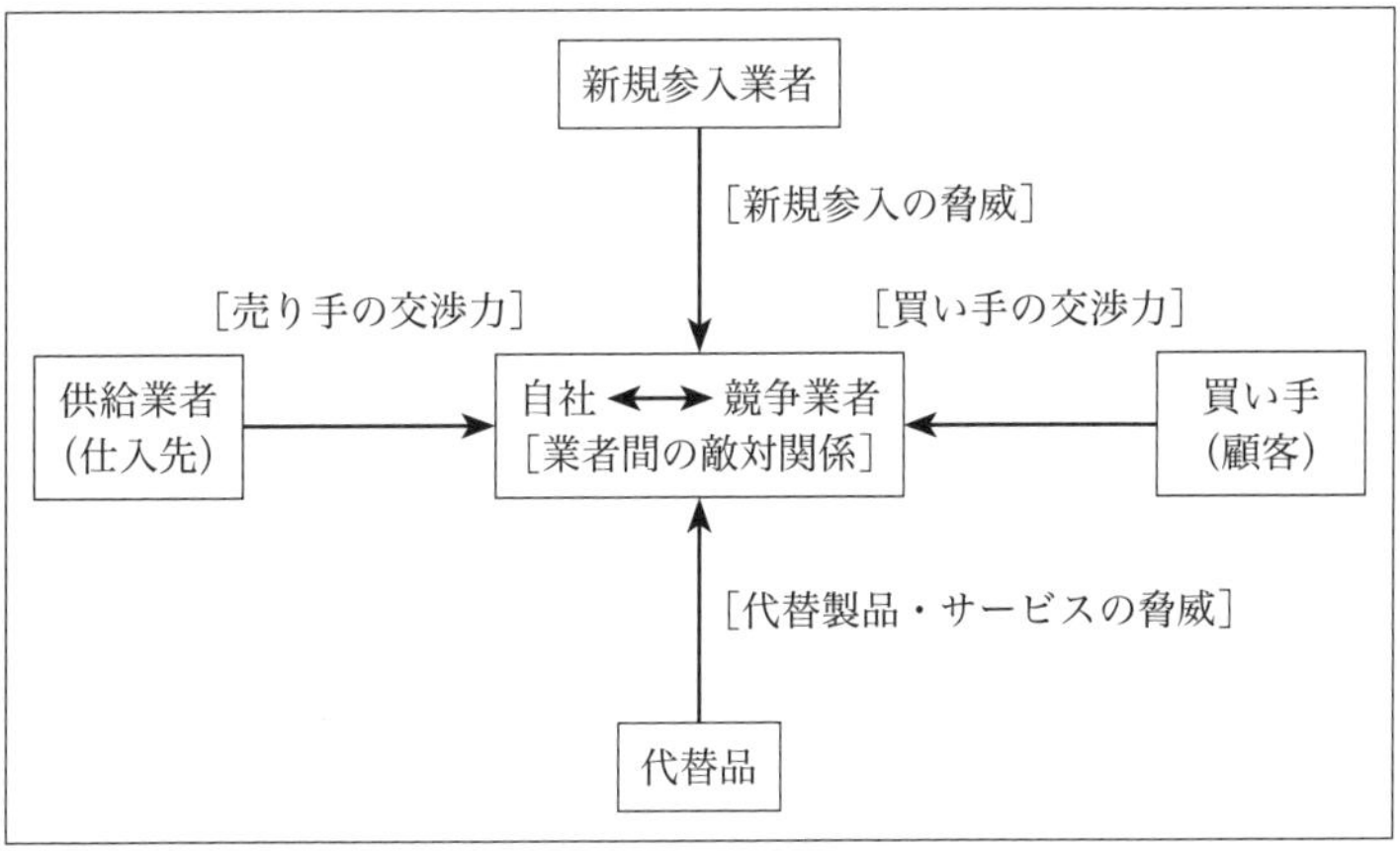

ファイブフォース分析

『新訂　競争の戦略』からの転載（一部改変）

的に市場情報を収集し分析する。市場の分析に当たって、まずは「パレートの法則（80：20の法則）」でいう全売り上げの80％を占める20％の主要顧客のニーズは何か。またこの逆の意味をもつのが「ロングテールの法則」である。インターネット販売で見られるように、小口購買顧客層の重要性が高まってくると、この顧客層の真のニーズは何かということである。そして次に、関心はあっても非顧客でとどまっている顧客予備軍のニーズ、そして全く関心を示さない非顧客のニーズは何かということになる。ただ注意すべきことは、顧客の声を単純に集めただけでマーケット・イン志向だと自己陶酔していてはいけない。勘と迎合だけでは失敗する。顧客の声から顧客ニーズの「内面に潜む本当のところ」を読み取り、そこに論理的、科学的根拠を求める努力を重ねる。

また自分たちは市場あるいは個々の顧客にどのようなマーケティングで向かい合っているかと、一度立ち止まって考える。自社のマーケティング戦略の過去と現在を点検し、将来への方向性を確認する必要がある。マスコミの活用やイベント企画などの「マス・マーケティング」、顧客の消費力、影響力や商品への賛同度、あるいは地域性などを考慮して市場を細分化し、特定したセグメント市場に営業力を強化し営業手法を最適化する「セグメント・マーケティング」、顧客一人ひとりの異なる欲求に丁寧に応えようとする「ワン・ツー・ワン・マーケティング」、そして社会貢献にマーケティングの原点をおく「ソーシャル・ビジネス対応マーケティング」の四つのマーケティング策のバランスに目配りしながら、状況変化に反応してどのような戦略的な運営ができているかを考える。

④資材供給業者との力関係の分析

売り手、即ち原材料などを供給する業者と、買い手となる自社との力関係が、コストや品質、安定操業、緊急対応などに大きく関係する。供給者の業界での寡占度、技術力、品質、コスト、サービス等を改めて分析することがポイントになる。また総合的な意味合いで、供給業者が自社をどの程度の重要性をもってみているかも知っておきたい。

⑤業界内の競合関係

業界他社との競合関係を見ていく上で、まずは競争企業との違いと共通点の両方を、いくつかのチェックポイントをもって分析していく。流通価格、品質、性能、機能の多様性、デザイン、包装、流通システム、規模、シェアーといった比較的評価しやすい項目もあるが、研究開発動向、技術力、他社・他機関との連携関係、実質的な財務状況、経営リーダーのリーダーシップの特徴、ビジネス展開力、関連会社・子会社を含む企業グループ全体の相乗効果的運営能力、社員のモラル、企業文化といった外部には把握しにくい側面にも目を向けて、情報収集し分析、評価することを目指す。時間経過とともに競合企業との競争関係や力関係に変化も出てくる。戦略的にこの変化をとらえ、情報収集の対象、やり方を意識的に変えていき、その経過を丁寧に検証していく。

以上のようにファイブフォース分析は、改めて現状分析を行う動機付けとなり、広い視野から将来を考える機会を与えてくれます。企業が抱える五つの力関係を分析し戦略を構想するためには、どうしても市場、業界、官庁、競争企業からの情報を入手する必要があります。核心情報をつかむのは困難なことですが、あきらめないことです。90点以上は取れなくても、ファイブフォース分析の重要性を認識し組織的な対策をもってすれば、60点を取ることはできるかも知れません。たとえ個人的に意識している人がいても組織として無策であれば、20点程度でしょう。私も個人レベルで、競合三社の目にとまった情報をすべてファイルしようと、二年程度続けたことがありますが、主要なマスコミだけの部分的な情報収集ではとても情報量が少なく、意図した解析ができないままあきらめてしまいました。これでは10点ももらえそうにありません。全体的な情報収集、情報解析にはどうしてもセンター的推進・統括システムが必要で、そこに情報のプロフェッショナルを集めます。

情報には、生情報に当たる「事実情報」と経営戦略的意図をもって分析し解析を加えた「解析情報」の二種類があります。

◆事実情報

個々の生情報、即ち観察事実やデータなどの計測事実、また推測、考察を加えていない対話内容の事実部分などを意味する。この事実情報をあわてて経営戦略の意思決定には使わない。課題ごとに時系列で事実情報と周辺情報を蓄積して、事態の流れの中で本質を探し、どこに収束していくかを見極めていく。

◆解析情報

事態の変化や課題の全体像、本質をとらえるために、時系列的に集められた情報を分析、解析した情報。意思決定にはこの解析情報を用いる。

雑多な情報を受け取るリーダーが、情報をこの二つに分けて考える意義を理解していると、情報の見方、使い方、あるいは事態への対処の仕方に大きな変化が出てきます。

では社外情報を収集するとき、どのような視点をもって取り組めばよいのでしょうか。一般的な認識では、マスコミ等に発せられる公開情報だけでも、おおむね重要な情報は拾えると言われます。しかし経営戦略を立案するために必要な情報の内で、結果的に公開情報と非公開情報の比率はどの程度なのだろうかと気になります。酒井穣著『あたらしい戦略の教科書』に示されているのは、公開情報80％、非公開情報20％となっています。このイメージでよいのかも知れません。はっきり言えることは目的意識を強くもって、一貫性と時々の変化の両方の視点を取り入れ、戦略的にキーワードを特定し、粘り強く検索を続ければ情報はかなりの程度集まってくるということです。

競合企業を見続けていると、企業毎に経営戦略上の癖が必ずあることに気付くはずです。例えば、トップ人事の過去からの経緯を見ていくと、人柄、経営哲学、戦略志向、価値観といったことの継続性と変遷を把握できるかも知れません。また会長と社長との実質上のトップのありようも大切な視点です。経営リーダーの志向は幹部クラスの価値観形成にも影響して、事業を実質的に動かしているキーマンの戦略や判断基準を、ある程度は類推できるかも知れません。

一般的なキーワードで広く浅くでは独自の視点は見出せません。情報収集のテーマを戦略的に特定し、忍耐強く追求し、その過程での突然の気付きを大切にする情報活動機能は、誰にでもできるものではありません。情報戦を勝ち抜くには情報のプロフェッショナルをどのように育成するかが、企業にとって大きな課題です。

ここに一例として非公開情報を入手するための重要人物へのインタビューで、私が心がけていたことを述べてみます。面談前に次の二つの資料を準備します。一つ目は、求めたい情報の周辺情報と面談相手に関する公開情報を集め、私なりの感性で編集したものです。二つ目は、相手の欲求を推察してメリットを感じてもらえる情報をまとめたオリジナル情報です。貴重な情報をもつ人に面談するに当たっては、このような私なりの準備をして臨み、奥に隠れている情報を少しでも引き出す工夫を試みていました。一つの領域でオピニオン・リーダー格の数人に面談できれば、その分野の専門性の高い知識と思考パターンを集積でき、解析情報は最高レベルに高まります。そしてそれを次の面談相手に対しての事前準備構想に活用していきます。面談後には必ず提示資料、面談内容、次への課題と準備内容をまとめ、一人ひとりの面談ファイルを充実させていきました。

一方で自社の分析にどう取り組むかです。自社の場合はリーダーがその必要性を認識できれば、自社の歴史を振り返り現状の具体的なポジティブ情報、ネガティブ情報、陰に隠れている潜在情報も充分に集められるはずです。ここでは90点以上の情報収集力を発揮して、納得できるレベルで解析してもらいたいと思います。これには関係者の責任論も絡んで困難な局面もあると考えられますが、全社的な目的意識と経営の意志をもって克服できるはずです。そこで初めて自社と業界や競合他社との比較分析ができ、改めて競争戦略を構想することになります。

五つの競争要因の一つひとつにどのような課題があるか、課題はどのように解決していくかとポーター理論にそって戦略課題を浮き彫りにして、議論を進めていきます。ファイブフォース分析の意義は、五つの競争要因の全体を同時に視野に入れることで、それぞれの競争関係と相互関係に抜けをなくすことにあります。ポーター理論というメンバー共通の思考基準をもっていると、一つひとつの競争要因の視点から、チームのあるべき姿と現実とのギャップの本質は何かと、協議を重ねながら突き詰めていくことができます。そこにはイノベーションの種も隠れているはずです。

ポーターの競争戦略理論は、これまで長きにわたって多くの経営戦略論の基礎となってきましたが、今後も経営戦略を構想するとき、重要な課題を浮き上がらせ新たな展望を見出すキッカケをつくってくれることで、高い価値を維持していくことでしょう。

2 優れた戦略は〝おもしろい〟ストーリーになっている

次に楠木建著『ストーリーとしての競争戦略』（２０１０）を取り上げます。ここに示されている経営戦略理論とは、他社、業界にとっては非常識、不合理な経営要素を、自社にとっては合理的な要素として取り入れ、他社が追従できない自社特有の経営戦略ストーリーを作り上げるというものです。

経営戦略の目標である「持続可能な利益の最大化」のための優れた戦略とは、提案者や同調者が興奮して楽しそうに語る「おもしろいストーリー」である、と述べられています。それは自社の歴史、伝統、文化、経営スタイルを踏まえた自社独特のストーリーになっていて、関係者の心を突き動かす力をもつことを意味します。

ここで述べる「おもしろい戦略ストーリー作り」では、特に「なぜ」が基点になっています。経営要素の一つひとつが自社にとって「なぜ」大切なのかと自問します。いくつかの要素は業界のベストプラクティスとして取り入れてきたけれども、自社にとって本当に合理的なのか、常識になってはいるが本当は不合理なのではないかと。もしそれが自社にとって本当に不合理といえるなら「なぜ」そうなのかと。そこでまず自社にとって不合理な経営要素を取り除き、新たに自社にとって合理的な経営要素を取り込みます。それが業界にとって非常識、不合理とされている要素であればベストです。そして考え続けます。他社と違うやり方が「なぜ」自社にとっては常識であり合理的なのか、「なぜ」他社はそれをやろうとしないのかと問い続けます。その上で自社特有の合理的な文脈で経営戦略をまとめたとき、おもしろい戦略ストーリーになるということなのです。ストーリーのすごいところは、人の記憶に残り無意識であっても暗黙知を蓄え、豊かになった暗黙知の世界から何かを引き出す力があることです。

自社特有の競争要素を組み込んだ戦略ストーリーは、どのような思考順序で考えていけばよいでしょうか。まず業界、他社にとって非常識、不合理で、自社にとっては合理的な要素を見つけ出します。自社独特の経営要素をもっていても、それがあまりにも日常的であるために、競争戦略の中核的要素として認識していないことがよくあります。次の二つの視点を参考にして、感覚のままで埋もれているかも知れない自分たちの日常の学びや工夫を、あえて表現し書き出してみます。主にリーダーシップとマネジメントの観点からビジネス展開力の自社の特徴をとらえます。

一つ目は主にリーダーシップに関わる視点です。自社の優位性が発揮されている事象、あるいは挑戦目標として取り入れている事柄の優位性を再確認します。またリーダーが課題解決の方針を決断し、実行し、成果を生み出すまでの日常のプロセスを、丹念に見ていきます。その中に自社特有の合理性が潜んでいるかも知れません。

二つ目は主にマネジメントに関わる視点です。まず組織の歴史的、文化的側面や人材構成から、組織の特殊性に気付くことです。次に組織運営上の過去と現在の特徴から、そして今意識している改善点から、他社には難しいであろう合理性を見つけ出します。マネジメントに関わる自社の優れた要素を、ワイガヤなどの「場」を作って本音のところまで深めて話し合い、見出してみてください。

この二つの視点で、業界や他社の常識とは異なる自社の特殊性や優位性を確認し合って、自社独特の戦略ストーリーを構想していきます。ここで必須の要件は、他社がまねようとしてもできないクリティカル・コアをストーリーの中に入れ込むことです。クリティカル・コアとは決定的核心部分と言われるもので、「戦略ストーリーの一貫性の基盤となり、持続的な競争優位の源泉となる中核的な構成要素」と定義されています。このクリティカル・コアの論理こそが『ストーリーとしての競争戦略』のクリティカル・コアであり、サッカーに例えて、決定的なシュートを生み出すキラーパスに当たると述べられています。
クリティカル・コア、即ちキラーパスは先の定義のように二つの要素から成り立っています。

◆戦略ストーリーの一貫性の基盤となる中核的な構成要素

経営のさまざまな構成要素が互いにつながりをもち、一石何鳥にもなるつながりが基盤となって、一貫したストーリーが生み出される。その一石となっている経営要素を見出していく。

◆自社独特の戦略ストーリーを構築する中核的な構成要素

業界や競合他社の常識や合理性から見ると、「非常識」「不合理」「鼻で笑われ、バカにされ、無視される」、また「社内の頭の固いベテランが怒りだす」といった反応が返ってくる経営要素を見出す。もしそれを強力な合理的要素として位置付けることができると、それが自社独特の中核的な要素ということになる。

この二つの特性を兼ね備えた要素こそがキラーパスで、それが自社独自の合理性をもった経営戦略ストーリーに組み込まれたとき、他社の追従を許さない、長期持続的な競争優位の源泉になるということです。

戦略ストーリーの中にキラーパスを入れることは、自社にとって必然であっても、他社の異なる伝統、文化、リーダーシップ、マネジメントからみると、必然的に矛盾を感じ衝動的に拒否反応が噴出します。彼らは長い経験から築いた論理的根拠によって、キラーパス要素の取り込みに強力に抵抗します。それでもトップリーダーの強い意志で、キラーパスを表面的にマニュアル化してまねようとしても、その企業にとっては部分非適合をもち込んだことになり、全体のストーリーは不合理なものになってしまいます。現場で旗を振るリーダーも実行するメンバーも、その精神的背景まで理解できていなければすぐに放り出してしまいます。恐ろしいことに、強力にまねしようとすればするほど組織は自壊していくというシナリオが成立します。

先行者優位を志向するいわゆる優等生企業は、それまで誰も気付かなかった経営要素を見出し、業界からは賞賛され短期的には高い業績を上げます。しかし優等生企業が見出す経営要素は基本的に業界視点で合理的なもので、かつ全体的にも理解しやすい合理的な戦略ストーリーになっています。業界の合理的要素を積み上げた戦略は、どの企業にとっても同様に合理的で、これまで気付かなかっただけと疑うことなく簡単に割り切られ、他社の格好の目標になりすぐに追従されてしまいます。

優等生企業の盲点を突き、優等生には気付かない業界の不合理部分を、自社にとっては合理的なキラーパスとして全体戦略の中に組み込み、自社にしか通用しない独特の戦略ストーリーを構想することが、戦略で勝負する場合の真髄です。

このキラーパスを組み込んだ経営戦略を考えるとき、トヨタの経営戦略の中でキラーパスに相当する「トヨタ生産方式」がすぐに頭に浮かびます。あまりにもよく知られているので、解説的な記述は控えますが、他社がまねしようとしてもできない、あるいは表面上取り入れても長続きしないなど、その導入の難しさもよく知られています。トヨタの歴史、伝統、文化、リーダーシップやマネジメントのあり方、人材の個性など、多くの要素のつながりがトヨタ独特の生産方式を生み、継承されてきていると考えます。これらの理解なく、ただベストプラクティスとしてこの部分だけ切り取ってもち込んでも、その企業の文化と衝突するだけです。

トヨタ生産方式を構成する要素の中で、「5回のなぜ」は重要な要素の一つだと思います。関係者の「なぜ」を5回発する質問力、それに二、三回で沈黙することなく答え切る状況把握力、情報解析力、複雑さに耐える粘り強さは大変なものです。さらに担当者の分析や提言を正面から受け止める上司や仲間の度量と現場対応力は、容易にまねることができないことです。

トラブルの要因を「5回のなぜ」で突き詰めていくと、時には組織の考え方や習慣、マネジメントのあり方に疑問が生じることもあると思います。管理者はそれを覚悟で一貫して「5回のなぜ」に取り組んでいます。その根底には互いの「信頼関係」、という表現よりもむしろ上下関係、仲間どうしの「絆」によって、「本音をぶつけ合える関係」「絆を強固に保つためにも、互いに相手の期待に応えようとする努力と、自己変革を覚悟している関係」ができあがっているのだろうと考えます。戦後のトヨタを襲った壊滅的な経営危機を乗り越えた歴史を知ることなく、このトヨタ生産方式を理解することは難しいのではないでしょうか。生死の淵に立たされた経営陣と社員が心を一つにして、難局に立ち向かう戦時の状況をつくり出して初めて、課題の本質に迫り的確な対策を見出そうとする突き詰めた問答ができるのではないかと考えます。

余談になりますが、かつて私が所属した事業部でも、生産現場でトヨタ生産方式の導入が試みられました。私は営業サイドにいたのですが、トヨタOBのコンサルタントのレクチャーを聞きに行きました。約二時間の講義を聞きながら、フーと頭に浮かんだことは、トヨタ発祥の地「三河」の風土が大切な要素になっているのではないかと。家康を盛りたてて戦国の時代を駆け抜けた三河武士の魂が必要なのではないか、ということです。しばらくして、若手の製造課長が難しい顔をしてやってきて、「私にトヨタ生産方式がやれるでしょうか」と話しかけてきました。「いろいろな本も出ているし、この機会に本質的なところをしっかり自分のものにして、自分なりのやり方で現場に適応させればいいんだよ」と答えたのですが、何かしら不安そうなので、「君はどこの出身か」とたずねると「鹿児島です」と。そこで私は「鹿児島か、薩摩隼人なら大丈夫、やれるよ」と励ましたことを思い出します。

今の激烈な変革期にあっては、これまでの常識にとらわれること自体が危険という時代です。課題に挑戦するとき、ベテランや上司から非常識だ、不合理だと言われることを、合理的な視点でとらえて現在の仕事の中に適用した場合どうなるのか、市場や実務現場で試してみましょう。この発想ができるとキラーパスのアイディアが次々と浮かんでくるはずです。常識や合理的といわれる事柄の逆の発想のキッカケとなるいくつかの視点については第三章で述べることにします。

「リーダーシップの基礎知識」、即ちリーダーとして身に付けておきたい基礎知識の大切さ、そして学び続けることの意義を再確認できたでしょうか。学ぶことで新しい世界が見えてくる、そして学び合うことで、互いに近づき仲間が広がっていきます。読書をするにしろ、話を聞くにしろ、話し合うにしろ時間がかかります。忙しく疲れた日常の中で時間と気力を捻出することは大変だと思います。しかし松下村塾塾頭、吉田松陰の言葉で、「人生の成功者とは、なすべきことを好きになる人である」が頭に浮かびます。また『論語』の教えるところでは「子曰く、これを知るものはこれを好むものに及ばず、これを好む者はこれを楽しむ者に及ばず」と。学ぶことが「知るため」に留まらず、「好き」になり、「楽しい」ことになってもらいたいと願っています。

次の第三章からは実務編に入ります。中堅リーダーが現実にリーダーシップを発揮するとき、自らどのような発想で創造的なプランを生み出し、どのような統率力をもって目標とするゴールへ突き進むか、そのためのチーム力、人材をどのように育てていくかについて考えていきます。

第三章

中堅リーダーは自ら新しいビジネスプランを発想しよう

中堅リーダーは事業展開のあらゆる状況において、メンバーとは違って日常的に事業全体を広く視野に入れ、経営中枢とも違った現場感覚をもち、さらに将来を見すえて長い時間軸で物事をイメージし、多様な情報に触発されながら事業のあり方を革新していくことを考え続けます。

リーダーシップに優れたリーダーは、自ら率先して新しいビジネスプランを開発する姿勢を示し、個性的な発想を提案します。自らに革新的な発想を求めようとするとき、次の二つの動機付けがあると思います。一つ目は成功体験によって新しい視界が開け、積極的な姿勢で挑戦するときです。二つ目は危機感と連動しているときです。自分自身の存在の危機、長年大切にしてきた価値観の危機、夢・志・使命感が挫折する危機、自己実現欲求の危機などによって、現状を変えなければと革新の意志が固まったときです。どれかが突出して強く意識される場合もあれば、複合している場合もあります。強い動機が自分の殻を破り、粘り強い努力とその先に発揮される創造性によって、新しい世界が開けてきます。

アイディアは常に求めていないと授からないと言われます。アイディアは求められたときにだけ生み出そうとするのではなく、貯めておくものです。常にいくつかのテーマをもっていると関連情報が思いがけないところからも集まってきます。全く関係がないと思っていた領域からも大切なヒントが得られます。関連情報を鋭敏にキャッチする多様な受容体が一気に増加しているのでしょう。ハッとすることがたびたび起こることに不思議な思いをすることがあります。

事業モデルの革新を考えようとするとき、はっきりしたテーマをもっている人はその課題を追究していけばよいのですが、どのようにアプローチすればよいか分からないという場合があります。そのときは創造的な発想のトレーニング的な意味合いも込めて、理解しやすく視野も拡げてくれる領域、例えば世界のトレンドの中に、新しいビジネスプランを想像するところから入っていきます。世界の社会的動向、技術的進化を見て、そこに挑戦できるテーマを探します。ただしこの思考プロセスは世界中で試みられています。一般論的な取り組みや話題の後追いでは遅れを取ってしまいます。特殊な思考、飛躍した発想と特徴的な技術との組み合わせが必要です。

まずは参考のために、世界のトレンドについてどのようなことが一般的に提示され議論されているかを、概観してみましょう。新しく発想したユニークなビジネスプランも、常に世界のトレンドの中でその位置づけを考える必要があるからです。将来の変化を見越した領域に攻め込みながらも、そこに独自の世界を切り開いてもらいたいと思います。

1 世界のトレンドを知ってビジネスチャンスのヒントをつかもう

現状を打開したい、新しいビジネスチャンスをつかみたい、革新的事業モデルを提案したいと思うとき、まずどのようなことを考えるでしょうか。やはり手始めに今日的な世の中の動き、社会的な動向を見ようとするでしょう。

日本社会だけを見ていると成熟した社会であり、取りたてて新しい欲求もなさそうに思えます。技術革新が激しく突き進んでいる領域でも、それらは我々の生活に本当に必要なのかと思うことがあります。しかし一方で、人々の多様な欲求をいくつかに分類してみて、それぞれの異なる欲求に共通する根源的欲求があるとしたら、その欲求は理解できているだろうかとも思います。

現在世界の政治、経済、社会は大きな転換期にあり、日本もその渦の中で模索を続けています。この大きな変化をとらえ将来への展望を意識することは、新たなビジネスチャンスをつかむ上で避けては通れないことでしょう。消費者の消費目的がどのように変化するか、企業からの新しい代替商品がどのような形で提案されるかは、ビジネスの持続的な発展を考える上で重大な問題として迫ってきます。

企業の中にはすでに世界のトレンドに乗ってビジネスモデルを開拓し、成功している企業があり、一方でアンチトレンドの道に自社の特徴を活かし、成功のチャンスをうかがう企業もあります。いずれにしろ新規事業創出を考えるとき、時代の流れの中にその足がかりとなる意味を見出す思考、戦略が必要です。しかしその領域はあまりにも広すぎます。そこで企業あるいは組織の特徴を活かす方向で、トレンドを見る必要性がでてきます。

リーダーは組織特有の将来構想をもってトレンドを分析し、自ら率先して仮説作りに取り組みます。このことによってメンバーの思考方向が定まり、特定領域での本質的な動きをとらえようとする意識が芽生えます。単にマスコミや学会で話題になっているからといった時代の流れに任せるようなアイディアは、影をひそめるでしょう。

世界のトレンドとしてビジネス社会が注目しているのは、一般的にどのようなことなのかを概略紹介します。革新的な発想を助けるステップの一段階として、事業構想の現状と対比させながら考えてもらいたいと思います。

◆少子高齢化による人口構成の変化

未来を確実に予測できる代表選手が、少子高齢化による人口構成の変化である。近年の出生率の低下は確実に社会の変化をもたらし、10年後、20年後、30年後の労働人口を算出することは容易である。働き方の多様化、テクノロジー活用の進化、研究・開発やマーケティング、サービスといった属人的業務への偏りは進み、人も企業もグローバルな連携・交流がますます活発に展開されるであろう。また２０５０年には日本の人口の約40％が65歳以上になると予測されており、当然市場のニーズも変化していく。高齢者に向けたスポーツや芸能、また健康志向や生きがい探しなど、世相の変化を反映させながら時代特有の流行が生み出されていくだろう。一方で子供たち、若者たち、働き盛りの中堅層の欲求はどのように変化していくのだろうか。

世界の中で日本は少子高齢化社会の先頭を走っており、多くの国が日本の対策と結果に注目している。思い切り知恵を絞れば、新しい何かがやれそうな、世界に「どうだ！」と言える何かができそうな、わくわく感がある。

◆グローバリゼーションの進化

ヒト、モノ、カネ、情報が国境を越えて、ますます激しく交流する。しかし健全な経済活動の基盤となる、国々の自立、発展、安定そして友好関係の拡がりはなかなか見えてこない。紛争、戦乱、政治的・経済的危機、国民感情のすれ違いといった国際環境の厳しい状況はまだまだ続くように思われ、この激動の国際環境は企業の事業環境の変化にも直結する。長期的に世界の大きな流れが読めるのかと言われれば、それは不可能と言うしかないが、関心をもち続けていれば自分なりの仮説をもてるところもあるはずだ。

国家間紛争、民族対立、宗教対立などを少しでも軽減する方向を長期的に考えるとき、日本が、そして企業がどのように貢献できるだろうかと思う。そのキーワードの一つは「成熟社会」ではないだろうか。成熟国家、成熟社会は独善的に武力、暴力をもって他に仕掛けることはない。成熟国家である日本が他の成熟国家とも連携して、未成熟な国家・社会の成熟化を誘導し支援する方策をもつことは、大変困難なことではあるが、悲惨な紛争の一部でも少なくする方向に寄与できるのではないかと考える。企業も同様に国家や国際社会と連携して、未成熟社会の成熟化に貢献できることがあるかも知れない。未成熟社会の安全・安定・自立と紛争の軽減と企業活動とが重なり合うwin-win-winのビジネスプランもありうるのではないだろうか。

国際環境の変化をどうとらえるか、変化に対応して事業展開の方向をどのように修正、変革していくか、リーダーとしては何らかの仮説をもてるところまで情報を集め、考え続ける必要がある。安易にマスコミの論調や声の大きな人に引きずられてしまうことは避けなければならない。

◆イノベーション競争の激化

イノベーションはこれまで「企業と市場」が中心課題だったが、今はそれに加えて「企業と社会」「企業内」も大切なイノベーション発想の起点になる。何らかの社会的貢献をしながらビジネスも成立する、ソーシャル・ビジネスへの企業の参画も徐々に拡大している。将来的には国際社会と企業との関わりは、国家戦略も絡んで思いがけない方向に多様化していくと考えられる。また企業内にイノベーションの芽を見出す視点で見れば、技術だけではなく企業経営力、経営システム、ビジネス展開力や社員のモラルの革新も企業の競争戦略の重要テーマになる。

現在の進歩した社会では、満足感、飽和感が漂っているように感じられるが、新しい事業モデルを生み出すイノベーションのシーズはまだまだあるのではないか。市場、消費者の何かしら満たされていない欲求はどこに起因しているのか、本当におもしろいと思えること、感動を与えることとは何か。単純なアンケートや、準備不足の聞き取りではなかなか本当のことを浮かび上がらせることはできない。ここにも最新の科学・技術の進歩をどのように取り込めるかを考えてみる。例えば、ＩＴ機能を活用して膨大なデータを蓄積し、そのビッグデータを解析することで、想像を超えた現状変革の仮説が得られるかも知れない。また脳科学や心理学の進歩によって人間の本質的な喜び、そしてその継続、発展のメカニズムが理解されるようになるかも知れない。この心の科学は新しい製品やサービス、マーケティングや人材育成のイノベーションに必ず寄与していく。またIoTの進化や人工知能の実用化がどのような波及効果を生むかも大きな注目点になる。

以上のようにイノベーション発想を広い世界からイメージしたところで、次の問題はより現実的で具体的な観点から現状と将来を見つめ、どのように革新的なアイディアやテーマを発想していけばよいかということです。イノベーションへの取り組みは無限ですが、それ故に漠然と構えていては具体的なアイディアは出てきません。中堅リーダーにとっての必須条件は、自らイノベーションへのアイディアをもち、それを具体的な現状革新のテーマとして提案できることです。このことがリーダーシップの本質であり最も難しいところです。そこでこのアイディア創出の起点となる考え方を提案したいと思います。

2 革新的なビジネスプラン発想の原点を確かめよう

中堅リーダーの立ち位置を考えてみましょう。彼らのほとんどは個のプレーヤーとして事業活動の最前線に立ち、社内外の多様な現場で直接生の情報に接し、かつチームリーダーとしてメンバーの得た事実情報を集積しています。それを主体的に分析し解析情報にまとめ組織の判断に用います。日常の業務遂行上、先端的技術情報や世界の技術動向も把握しています。中堅リーダーはまさにビジネスモデル革新の中核的役割を担う位置で活動しているのです。メンバーからは革新的方向性をもったリーダーシップを頼られ、経営トップからは戦略参謀力、そして事業革新遂行への現場統率力が期待されます。

このように事業モデルの変革と新しいビジネスプラン創造の真っただ中にいて、自分らしい役割を果たすためには、どうしても自分なりのテーマをもつことが必要になります。現状分析から課題の本質を自分なりに把握して、自分は「この方向で事業モデルの革新を図りたい」「この視点で事業運営の変革を試みたい」といったテーマをもつことです。

現在置かれている立場からいっても、何か革新的な事業プランを提案しなければと感じているが、どのように考えればよいのかが分からない、ということはよくあることです。ではどのようなキッカケを求めて考えていけばよいのでしょうか。そこで参考にしてもらうために七つのイノベーション発想の起点を提案します。それぞれの現場での状況、具体的な課題と重ね合わせながら、新たな発想にどのように活用できるか、発想のバリエーションをいかに増やすことができるかを考えてみてください。発想のキッカケをつかむために大切なことは、常に疑問や課題を頭に留めておくことです。

⑴ 市場ニーズの芯をとらえる発想

◆将来のニーズを先読みして、いくつかのパターンに「見える化」する

国際社会の変化や身近な生活スタイルの変化の中に、自分たちの事業周りとの新しい関係に発展しそうな何かを考える。また世の中のトレンドからニーズを先読みして、まだ表面に現れていない部分で大切になるであろう何かを考える。将来のあり姿を大胆に「パターン化」して見える形に表現し、そこに生じるニーズの本質を法則的にとらえる。次に関係者との協議の場をもち共有できる命題に再構成する。その命題に応える革新的なビジネスプランの発想を求めていく。

◆科学技術の進歩をとらえるアンテナと、多様な技術のドッキング戦略をもつ

将来への事業展開イメージの中で自分自身の好奇心を突き詰めてみる。その究極のところで扉が必ず開く、ユニークなアイディアが必ずひらめくと確信をもって思考を進めていく。ただ現在の広範囲な技術進歩を一人の力で見ていくことはできないと自覚して、情報のネットワーク、多様な対話の場やシステムを作り出す。そのためには技術や情報を交換し合い、それらを結合・統合・連携し合うことの必要性を自覚している仲間を増やす。この異質との衝突と協働があって初めて、飛躍したアイディアが生まれる。

新しいニーズに応える革新的な新製品を、複数の技術の結合によって生み出そうとするとき、先端技術であっても既成の技術の組み合わせであれば、既にどこかで取り組んでいると考えなければならない。そこで「空中ブランコ」のイメージで、複数の進化過程にある新技術の結合を考える。即ち、各新技術の期待レベル到達までの期間を互いに設定、調整し、両技術を結合させるその期限に向けて、両サイドから互いに信頼し合って空中の未知の地点へ飛び出していくイメージである。

◆現在と将来の市場ニーズを「なぜ」と問い続ける

市場ニーズの現在と将来にwhyと問い続け、そこにニーズの芯を確信し、それに応えるwhatを求め続ける。しかし製品の研究開発テーマも、新事業モデルの開発テーマも、多くの場合過去の事象から導いた命題として発想するが、そこに大きな限界がある。論理的に導いたテーマは多くの人が考えるところでもあって、世界のどこかで誰かがすでに取り組んでいると考えられるからだ。今では、真に画期的な新製品や革新的なビジネスの仕組みを見出そうとすると、このwhyとwhatを繰り返す追究の努力からひらめいた「アブダクション発想（ひらめき）」や、失敗と気付いたところからでもよみがえる「セレンディピティ（偶然の発見）」によって導かれるアイディアを待たざるを得ない状況にあるのかも知れない。努力と時間だけでは解決しない「偶然」を呼びこむ、この不確実なことをどのような思いで待ち受ければよいのだろうか。

少なくとも、組織活動の理念、目的が明確であること、そしてそこに自分の志を重ね合わせて努力を惜しまず考え続けること、そして試行錯誤を重ねるチームメンバーの資質とチームワーク力が求められる。さらにアイディアレベルの発想を事業の方向に導き伸ばすシステムの存在が必須要件になる。

⑵ 対立する課題には両立、統合、飛躍思考で突き抜ける発想

事業活動を進めていくと対立する課題に突きあたります。一般によく言われる二項対立の構図を頭に入れておきましょう。例えば生産上の「品質とコスト」や「安全と効率」「多品種少量生産方式と少品種大量生産方式」、また組織運営面でも「部分最適と全体最適」といった対立する課題です。マーケティング戦略上でも、生産者側からの発想と市場側からの発想との葛藤、即ち「プロダクト・アウトとマーケット・イン」の対立が生じます。また「革新的な新製品開発志向と既存製品の細やかな改善志向」にも異なる戦略が求められます。

事業環境が激しく変化し複雑な要因が絡まり合うことが当然の状況でも、人は物事を単純化して理解しようとします。二者択一だ、妥協だと割り切らないと精神的に耐えられないところがあるからです。しかし事業経営は本来複雑なもので、単純化できない多くの要素をもっています。この難題を克服するにはリーダーの強い決意が必要です。リーダーはメンバーに「二項対立の両立」とい

う指針を掲げ、徹底した議論を重ねながら複雑さを乗り越える覚悟を示してもらいたいと考えます。この「両立」の原則をリーダー自身もメンバーも負担になると考えず、より創造的に活動できると感じながら受け入れてもらいたいと思います。危機感をもって本気で知恵を出し合えば、「両立」は可能です。

二項対立の概念の中には、二律背反のように明らかに相矛盾する二つの命題に直面することがあります。ここで二律背反（アンチノミー）の意味を辞典（三省堂『スーパー大辞林』）で確かめると、「二つの相矛盾する命題である定立とその反定立が等しい合理的根拠をもって主張されること」。反定立とは何事かを肯定的に主張することで、ヘーゲルの弁証法で言うテーゼに当たります。反定立はアンチテーゼになります。二律背反する命題のそれぞれの合理的根拠が明解になったとき、大切なことはまずその「両立」を可能だと考えることです。一方を自分たちが取り組み、他方を他のチーム、あるいは関連企業や他社との連携で併行して進めることは可能だと考えられるからです。どうしても一つのテーマにしなければならない場合は、両者の「統合」「融合」「すり合わせ」を考えます。それでも相反する重要な二つの命題の対立が解消できない場合は次に示す「アウフヘーベン」を思考します。

矛盾する命題の正（テーゼ）と反（アンチテーゼ）の本質を明解にできれば、両者の意義を包含しながらも異次元の解決策、合（ジンテーゼ）を求めて一旦立ち止まり考えます。そしてえいっと思考を高みにジャンプさせる、即ちアウフヘーベンすることになります。この思考プロセス、アウフヘーベンは「止揚」と訳されています。哲学者ヘーゲルがとなえた「アウフヘーベン」は、対立する概念から新しい発想を求め、より高い次元に飛躍した解決策を探る思考法としてよく知られています。大変重要な思考法で、この概念を理解しているかどうかで、課題に直面したときの考え方、議論の進め方が大きく変わります。この「テーゼ・アンチテーゼ・ジンテーゼ」は、よく「正・反・合」とも言われます。リーダーは、メンバーが互いに率直な意見を述べ、相対する意見もしっかり聞く場を作り、アウフヘーベンを導くリーダーシップを発揮します。議論が白熱してくれば、「正・反・合」の実践の場が来たと認識して、whyを発しながら対立する意見の本質を突きとめ、思考をジャンプさせて異次元のコンセプトを創造します。常識を超えたサプライズが感動を呼び起こします。

対立概念でなく複数のビジネス要素を総合的に考える発想起点もあります。例えばリーダーの条件としてのリーダーシップとマネジメントは「車の両輪」です。また最近マスコミで取り上げられている第四次産業革命は、IoT・ビッグデータ・人工知能の「三位一体」だと言われています。

革新的なビジネスモデルを提案している企業、組織の多くは相反する課題を洗い出し、その本質を見極めた上で、二項対立や二律背反にひるむことなく、二つの課題の両立を果たそうと努力します。この「徹底」した粘り強い取り組みこそが他に抜きん出る、革新的な発想のキーワードの一つになっていると考えます。

(3) 考えてみれば「当たり前」の発想

驚きをもって注目されるイノベーションも「考えてみれば当たり前」ということはよくあることです。では何が問題で後手に回ってしまったのでしょうか。

一つ目のポイントは、市場が求めるニーズ、あるいは市場もまだ気付いていないニーズに単純に気付かなかった場合です。一人ひとりの感性、システムをどのように変えていけばよいのか。イノベーションに対する組織文化からの根本的な変革が求められます。

二つ目は、市場ニーズの変化に気付きながらイノベーションを果たせなかった場合で、その原因は様々です。例えば、自社製品を抜本的に変革するコンセプトが提示されたとしても、市場で既存製品との共食いになるため、衰退期に入った既存品でもまだまだ大丈夫という論理を作り上げ、イノベーションを潰してしまうことがあります。それまでの経緯があるからやむを得ないといった無責任体制では、イノベーションは果たせません。イノベーション発想には、思考方向の意識的な変化と思考の非連続的な飛躍を必要とします。

『イノベーションのジレンマ』に提起されているように、イノベーションを果たそうとするとき、価値観として技術の高度化、多機能化、高価格化を信じ、「持続的イノベーション」に全身全霊で打ち込んできた者にとって、「言われてみれば当たり前」の低品質であっても簡単、便利、安価の価値観に切り替えた「破壊的イノベーション」を発想することはできません。また「考えてみれば当たり前」の発想で事業モデルの革新を提案しても、常識で武装した上司やベテラン社員から「ダメ出し」が飛んできます。彼らは無意識にしろ自己を取り巻く環境に変化が生じることに反対します。

組織の中核的立場に立つ中堅リーダーがこの状況の中で、客観的にみて「当たり前」をどのように引き出し、引き上げることができるか、そして「当たり前」を妨げている要素を分析し、いかに克服するかが組織の創造性にとって重要なところです。次に述べる二つの視点を参考に現場での課題について考え、現状から飛躍する「当たり前」のテーマを発想してください。

◆人間の本性を直視しよう

安全、安心、健康、快適、感動、簡単、便利、エコロジーなどなど、人間のもつ感情的反応を書き出すといくらでも出てくる。「当たり前」はこれら本来の人間のもつ本性に根差している。我々のビジネスは結局のところ、この人間の本性にどうアピールできているかが勝負どころになる。物事を合理的に判断するという場面がよくあるが、一人ひとりが主張する合理性は主観が支配している。物事の判断基準として「人間の本性」を考えることは、より普遍性があると思われる。高機能・高価格商品が市場にあふれ、さらにそれが特殊顧客対象に加速されてくれば、簡便・安価な商品の出現に感動する消費者が存在するのは当たり前である。「感動」とは、全く関心のない白紙の状態で何かを初めて知って、いきなり心を動かされるというものではない。どこかで自分も関心があって、知っていたり、考えていたことではあるが、想像を超える驚きに出会ったとき、共鳴が大きく増幅されて感動すると考えられる。このことは何らかの触発によって自分の内面から感動する何かを引き出すことができるということを意味する。日頃から自分の内なる感動の種と対話することの大切さを教えてくれる。

マーケティングにおいても考え方の一つとして、「顧客とともに製品やサービスを創造する」という手法がクローズアップされてきている。人間どうし有意義なことに共感し協働したいという誰もがもっている本能が、マーケティング手法にも活かされていると考えられる。立場は違っても、互いにアイディアを出し合い協働して新しい何かを作り上げていく喜びの共有は素晴らしい。ビジネスモデルの選択を迫られたとき、またテーマの優先順位を決めるときなど、その判断基準の根本は、この「人間の本性」に適合しているかどうかということである。

◆「当たり前」を妨げる「ダメ出し」の意味を分析しよう

上司やベテランは商品市場のライフサイクルを経験し激しい戦いを生き抜いてきている。研究開発部門でも激しい開発競争を戦ってきている。成功体験があれば、事業環境が変化していても頭にはかつてのアプローチしかない。失敗体験があれば、たとえ環境が変化していても類似したアプローチは断固否定する。経験に基づいているだけに説得力がある。現状改革を提案しようとしても、思いつき的レベルであれば、この強烈な「ダメ出し」によって、アイディアは述べたその場でつぶされてしまう。

ではどうすれば「当たり前」思考に日の目を見させられるだろうか。それには「ダメ出し」された内容をよく取材して把握することである。時には感情的になって否定されることもあるが、その場合も原因を冷静に分析する。「ダメ出し」の本質的なところを理解できれば、「当たり前」の論理構成は自ずと定まってくる。人間の本性に照らして「当たり前のこと」「本当に大切なこと」を判断基準にして、「やるべきこと」「やりたいこと」を強い信念をもって追究する。あるべき姿を追うことで必ず新たな道が開けると確信をもとう。ただそのプロセスでは、「ダメ出し」上司やベテランとも話し合いを繰り返しながら、危機感の共有、課題の共有に尽力する度量の大きさをもってもらいたい。

(4) 常識や合理的といわれる事柄の逆の発想

組織、企業、業界には、何らかのキッカケで生まれ定着した常識や合理的といわれる事柄があります。常識や合理性はある事業環境下で築かれたもので、その時点では的確な決断、合意だったはずですが、環境変化によって求められることに変化が生じます。しかし一旦定着した価値観、思考原理を変えるのは難しいことです。その結果として状況変化に対応できない頭の固い空気が拡がってしまいます。無意識でいると陥ってしまうこの固定概念から脱却するためには、そのキッカケになるポイントを意識しておく必要があります。価値観の変更が求められていることにいち早く気付けば、他に先駆けて逆転の発想を導くことができるからです。

例えば、事業がうまくいっていないと気付いた時は、価値観転換のキッカケになります。これまでの常識や合理性が機能しなくなっていることが理解できるからです。今何らかの新しい局面への打開を模索しているのであれば、日頃疑うことのない思考習慣や合理的と思ってきた概念の逆を考えてみましょう。ただそれはとても難しいことですが、逆の発想を常に意識して何かにつけて訓練し習慣づけておくことで、いざというときに重要な逆の発想が浮かんできます。そこで参考のために〝逆〟の発想のキッカケになればと、いくつかのパターンを提示します。この逆の発想が第二章で述べた「戦略ストーリー」のクリティカル・コアの発想で、キラーパスのアイディアを浮き上がらせてくれます。

①スピード・効率志向から実質志向、待つ戦略への転換

スピードと効率はビジネス社会の常識になっている。ところが課題の本質をとらえることもなく無批判にこのことが目的化すると、多くの弊害を生み、結果として成果は遠のき人の心の葛藤だけを高める。

実質志向の事例として、会議の問題を考えてみよう。常識的には会議の目的を明確にし、準備を整えスピーディーに論議を進め、合意の形成を図りながら結論を出していく。このスピード会議がよい会議として常識化したのは、それまでの会議のありようがあまりにも冗長でありすぎたことの反省があるからであろう。今では優れたマネジメントとして、会議が少ないこと、会議時間が短いことに胸を張る。しかし会議のスピード、効率が目的化し常態化すると大切なことが抜け落ちてしまう。

あえて長時間の会議、頻繁な会議を行うことで、互いの納得性を高め的確な現場判断を引き出す場合もある。特殊な課題に関しては、少数で徹底的に話し合うことが特に有効になる。ま

た多様なアイディアを出し合うことが求められる会議では、長時間一回の会議ではなく、短時間で、あるインターバルを置いて繰り返される会議の運営が望まれる。会議の合間の時間を利用して、一人ひとりが討論目的にそって知識の収束と発散を繰り返す時間が作れるからだ。

会議のあり方の一つの事例を紹介する。アップル社のスティーブ・ジョブズの会議のやり方は、常識的な会議の逆をいくものだった。『スティーブ・ジョブズ　II』によると、「毎週月曜日に幹部会議、水曜日の午後はマーケティング会議、他に製品レビューの会議はどれだけあるか分からない。さまざまな立場や異なる部門の視点から問題を吟味しろと求める。会議を活用して各部門間の協働を推進する。製造・物流・マーケティング等と同時並行でエンジニアリング・技術開発を図るといった、緊密なコラボレーションを強調する。議論、反論、間違いを認める勇気は推奨されている。ただし真実、本質を踏まえていないと徹底的な攻撃を受けることは覚悟しておく必要がある」というものだ。スティーブ・ジョブズのこのような逆の発想が、画期的な製品開発の源の一つになっているに違いない。

次に「待つ戦略」を考えてみよう。経営戦略の常識は「スピード」だ。短期成果主義での評価にしろ、事業先行による市場獲得の優位性にしろ、グローバル・スタンダードを獲得する先陣争いにしろ、スピードは常識であり、当然合理的でもある。しかしスピード最優先の強迫観念にかられた判断やメンバーとの共感を軽視した決断が、大きな失敗を招いた事例はいくらでもある。

では通常の合理的概念である「スピード」経営に相対する非常識、不合理とは何か。それは

「スロー」「優柔不断」ということになる。それを「待つ戦略」と置き換えて考えてみよう。勝機をつかんで勢い盛んな競合企業と、今同じ土俵で挑みかかっても失敗するだけだ、とする勇気ある判断は大切なことだ。そのときあきらめたり、ただぼんやり待つということではなく、虎視眈々と狙いをもった「待つ戦略」がある。「ファイブフォース分析」から彼らの戦略的癖、経営要素に見られる常識、価値観を特定し、「戦略ストーリー」の論理でその逆方向に自分たちの合理性が見出せないか、彼らの非常識、不合理の要素を取り込んだ独自の合理的な競争戦略ストーリーを構築できないか、と考える。彼らの勢いに陰りが出てきたとき、またファイブフォース分析で彼らが気付いていない弱点を見出したとき、あるいは時代の流れが変わったとき、「待ちの戦略」で蓄えてきた技術、ノウハウを注入して、一気に「攻めの戦略」へと切り替える。「待ちの戦略」はその間の苦難に耐えながらも、人材育成を図り、士気を高め、一体感を作り上げることによって、ピンチをチャンスに変える有力な戦略になると考える。

②現状の「当たり前」や「真実の声」といわれることを疑う

先に「当たり前」の発想をもとうと言って、ここでは「当たり前」を疑ってかかれとは矛盾するではないかと思われるかも知れないが、先に述べたのは当たり前でない状況に気付き当たり前に立ち戻ろうということである。しかしここでは当たり前を実践して革新を果たしたとしても、社会や技術環境は日々変化しているので、再度その当時の「当たり前」を疑わなければならないということである。常に将来の「当たり前」を追いかけなければならないことを意味する。

また市場で多くの顧客が求める当たり前に応えていると、その顧客層にとって快適を提供しているとして満足感に浸れる。しかし顧客になっていない消費者は異なる快適、異なる当たり前を求めているかも知れない。現状の当たり前を疑うこと、当たり前の裏側を見つめることによって、また新たな当たり前を提案することができ、新たな市場開拓ができると考える。

「真実」といわれることにも厄介なところがある。例えば、営業担当者が製品に対する顧客の反応を上司に報告するとき、顧客が発した言葉そのままの「事実情報」ではなく、顧客の「真実の声」として顧客の思いを自分流に推察して語るときがある。それを聞いた上司や関係者は、事実確認をしないまま顧客の「真実の声」を信じ重心がかかってしまう。確かに顧客の声の事実情報だけでは焦点不明で、対応策に苦慮することがある。そこで「真実の声」として具体的に問題提起されると、どうしても提起された課題に誠実に対処しようと短絡的に行動に移ってしまう。しかしここで問題にしている真実の声とは、それを発する人の主観が込められたもので、必ずしも顧客の疑いのない本心ということではないということだ。

「真実」を辞典で見ると、仏教用語としては確かに「絶対の真理」ということだが、一般に用いられているときは「うそいつわりのないこと、本当のこと、またそのさま」で事例として「真実を語る」「真実の恋」となっている。これらは一人ひとりの主観に基づいて「本当のことだと思ったこと」を意味し移ろいやすいものである。

種々の現場や社内外の情報として「真実のこと」「本当のこと」と言われた場合、リーダーは客観的な視点をもって冷静に受け止め、直ちにはまり込んでしまわない心の準備が必要だということを伝えておきたい。まず事実を確認し、報告担当者が相手の気持ちを推し量ったところとの区別を明確にする。その上で解析情報に汲みあげていく。以上のように真実とされていることにも、関係者の思考習慣、価値観、常識が組み込まれているため、そこに問題がありそうだと感じたらその逆を考えてみようということである。往々にして「真実」の裏側にも「真実」があるのだから。

③予定調和の破壊

サービス業や芸能活動では、お客様が次はこうなるだろうと思っている通りにストーリーを進め、予定調和で快感を与える。この思考法はお客様の信用を獲得するためにも当然大事な考え方である。一方逆の発想で、思いがけない驚きと感動を与え強く印象付ける手法として、予定調和の破壊、即ちあらかじめ調和すべく定められていると思われていることを壊すことがなされる。この考え方は革新的なマーケティング手法や社内人事施策など、人と直接的に関連し合う部門ではすぐにでも活用できる。また破壊的イノベーションを考えるときも、市場変化と技術との連結のあり方を発想する起点になり得る。

④経営企画会議で却下されるであろう案件の発想

業界の常識を破ってその逆を発想しようとするとき、少々過激で刺激的すぎるかも知れないが、社内の常識、業界の常識を体現している経営の上層リーダーの判断の逆を考えればよいのではないだろうか。私の直感的な考えではあるのだが。

業界の常識とはどのようなことだろうと考えても、それはあまりにも多様で、漠然としすぎている。そこで社内で最も業界の常識を反映しているであろう場を考えてみる。例えば、経営企画会議や経営戦略会議のような部門の長以上が出席して協議する会議での判断は、多くの場合業界の常識を反映しているように思われる。一般的には会議に参加する経営中枢メンバーが多いほど、また衆愚的色彩の中で民主的であろうとすればするほど、討議内容は業界の常識、自社の常識、踏み固めた価値観そのものといえる。そうなると各部門から提案される案件も、経営企画会議の判断を推量して常識的なものになってしまう。若手社員であれば現状改革のアイディアを所属部門に提出してみると、部門幹部の反応、部門内での評価会議の結論や討議内容から、業界の常識、自社の常識、幹部の価値観を把握できる。革新的な発想はその逆を考えることから始まる。

では経営企画会議で却下されそうな提案のポイントとは何か。ここに経営中枢から拒否されそうな四点を取り上げた。現実に即して考えてみてもらいたい。

◆ハイリスク・ハイリターンの勝負テーマを模索する

巨大な強者に勝つために、強者の論理の逆をいく弱者の論理の発想で、ハイリスク・ハイリターンのアイディアで勝負をかける。勝者の論理ではハイリスクは取らず、むしろ手堅く、後追い作戦、周辺へのしみだし作戦の方が優れているとされているから。ただし負けそうと判断したらすぐに撤退する。粘りすぎて玉砕するのは潔いようだが感心できない。

ハイリスク・ハイリターン事業構想は、気付いていても一般にはハードルが高すぎて放置される。また魅力あるテーマとして取り上げても、あまりに未知の要素が大きく複雑で課題の一つひとつは見えにくいし、習慣的思考・行動、種々のしがらみや技術の未発達などで、往々にして興味を抱えたままやり過ごす。エリート意識が強く減点を恐れるタイプの者は近づかない。しかし失敗を恐れず逆転の発想で、思考の変革、価値観の変更、しがらみの排除、先端技術の導入など取り組み方や仕組みを抜本的に変えることで、ハイリスクを一挙にローリスクに転換させることはあり得る。現在の情報化社会、技術高度化社会、世界規模での企業のポジション・チェンジなど、あらゆることが流動化している現在だからこそ、夢のようなビジネスプランをもてる時代と考える。難しいこととは分かっていても、まずは可能性への仮説と検証を小回りを利かせて試行するやり方を工夫する。

◆事業規模が大きすぎるビジネスプランを考える

グローバル化した現在、社会的なニーズは世界中に共通して拡がっている。巨大化するニーズに応えるためには、技術の相乗効果を可能にする企業連合の試み、あるいは世界レベルのマーケティングを可能にする企業連合が視野に入ってくる。しかしこのような一社の事業規模としては大きすぎるビジネスプランが提示されたとき、経営陣はどう反応するか。すでに経営のグローバル体制を敷いている企業は別にして、ほとんどの場合、資金の問題、人材の問題、経営権の問題、利益性、カントリーリスクなどから経営企画会議の判断は却下の方向になるのではないか。

経営の観点が明確になったところで、再度ビジネスプランを考える。経営が懸念するポイントは自社の伝統的思考パターンや業界の常識が反映されたもの。そこでもう一度その「逆をいく発想」を模索する。自分の考えるプランを「発散」させて思考を拡げ、同時に経営の却下理由の論理性も詰めていく。二項対立の両立、異次元への飛躍の発想、車の両輪、三位一体の知恵でキラーパスになり得る経営要素を求めて考える。

本当に大事な現状突破のアイディアは、話が大きすぎてホラにさえ聞こえることがある。世界の市場から、そして経営から要求される難題の大きさ、複雑さに誰もやろうとはしない。それ故に革新的な課題に取り付いていると言えるかも知れない。もし提案したプランが採用されれば、当然自分自身が参画していくことになる。そこに積極的に取り組む覚悟をもつためには、プラン発想の時点で、提示するビジネスモデルと自らの好奇心、そして常々やりたいと思ってきたこととが重なり合っていることだ。「あり得ない」と思われていることの実現に夢をはせると希望が湧いてくる。

◆事業規模が小さすぎるビジネスプランを考える

事業規模が大きすぎるビジネスプランとは逆に、事業規模が小さすぎても経営企画会議では却下される。しかし既存商品の隙間にも市場があり、また将来の市場を先取りしたところにビジネスチャンスは芽生えている。小規模なところから取り組んで大きく育てる、あるいは周囲に枝を拡げていくことで、その枝の一本が太く育つといったことはよくある。しかしこれらの市場は提案時点ではまだ顕在化していないので、代替品の場合と異なり市場規模を数字で表現し難い。市場イメージも初期計画時点では小さいものだとしか言いようがない。経営は多くの場合、プランの内容、意義よりも計画している売り上げ・利益の大きさを重視する。

新規市場開拓を目指した新開発製品で、短期的には採算性が期待できない場合でも、提案を通すために経営の常識に過剰適応して、論拠に乏しいあまりに過剰な売り上げと利益計画を提示することがある。その結果事業化されても計画と実績との大きすぎる隔たりがすぐに露呈して、大変な葛藤や犠牲が生じ、最悪のケースでは提案した目的に実質的に挑戦できないまま押しつぶされてしまうこともある。

事業化計画の段階で経営と担当者間で相互理解のための率直な話し合いができ、初期段階での試行錯誤の評価内容とタイミングを、納得しあって決めていくことはできないものだろうか。

ただこの小さいビジネスプランの場合、当面の事業規模が小さすぎるとはいえ経営リスクも小さいことから、ビジョンを共有できれば「やってみろ」といわれる可能性もある。その場合は事業初期活動のできるだけ早い時点でわずかでも利益を出すなど、事業存続の権利を確保するための多様な方策が最優先課題になる。

◆異業種での常識、また異業種で展開されている常識の逆をいく発想を学ぶ

解決すべき課題の解がどうしても見出せない、あるいは課題がありそうでも見えてこない場合は、業界の常識や合理性では解決できない問題があるのだ。社内でいくら考えても業界の価値観や思考枠に支配されていれば、当然そこから飛び出す発想は出にくい。しか

しそこを打ち破って新しい世界に視線を向けると、業界では気付いていない新しいビジネスプランが浮かび上がるかも知れない。

「異業種の知恵に学ぶ」ということがよく言われる。異業種の常識や合理的な思考、各企業の理念や指針を学ぶ。そして同時に各業界で既存の常識や合理性を破った企業が、どのような革新的ビジネスモデルで成功しているかも学ぶ。そこに何らかのヒントを得て活路が見出せるかも知れない。異業種に学んだ革新プランは、経営中枢にとっては違和感がありすぐに賛同してもらえなくても、この場合はヒントになった参考事例があるため、説得力のあるストーリーを組み立てやすい利点がある。ビジネス誌を5～10年程度さかのぼって調査すると、いろいろな事例に出会える。きっと現状打開のヒントが埋まっているに違いない。

⑸　競争要因の分析から見えてくる勝負どころの気付き

経営戦略を考えるとき二つの視点があります。一つは外部との競争環境の分析からの視点で、もう一つは社内の様々な経営資源や経営能力に対する課題分析からの視点です。経営戦略策定のための社内外での情報収集、分析の過程での気付きは、社内外の現場接点に立つ中堅リーダーの大切な役割です。一つ目の競争環境を把握する情報活動はこの項⑸で取り上げ、後者の自社に内在する課題の発掘とその克服については次の項⑹で考えます。

他企業と自社との力関係を探りながら事業戦略を構想するためには、困難な情報戦に果てしない努力を覚悟しなければなりません。まずどこに注目して情報収集に当たればよいでしょうか。その視点を指し示してくれる強い味方は、第二章で述べたマイケル・ポーターの「五つの競争要因」です。次の五つの脅威、「新規参入企業」「代替品や新しいサービス」「原材料供給企業」「顧客」「業界内競合企業」に対して、力関係を優位にする戦略を作り上げるための情報収集が求められます。

自社と他社との強み・弱み分析も、思いつき事項をならべてみても常識論しか浮かんできません。まずは体系的に調査対象を設定し、情報収集に入っていきます。情報収集に当たって、経営力のどの要素に注目するかという点では、ポーターの教えを参考にすると、次の三点です。

- 低コストを果たしたコスト・リーダーシップ力。
- 独自のビジネスモデルをアピールする差別化力とそのイノベーションの起因。
- 経営資源を集中させている特定の分野あるいは製品、そしてそれはどのような短・中・長期経営戦略に基づいているか。

少なくともこの三点は調査項目に掲げ、さらに実情に即していくつかの調査ポイントを加えることになります。また「その他」の欄などに、その時点では意味不明な雑多なことや直感的にとらえた情報など、何でも書き入れておきます。

先に述べた三つの調査ポイント、「コスト戦略」「差別化戦略」「経営力集中戦略」の視点と重ね合わせて、次の二つの視点も参考にしてもらいたいと思います。

◆企業統治理念は企業が続く限り続く

国家論で「国家成立の統治メカニズムは、後々までもその国の形を決める」との説がある。暴力によってできた国は後の世までも暴力が支配する、合意によってできた国は合意で動く、利害を超えたビジョンによってできた国はビジョンで動くということを意味する。企業、組織も同様なメカニズムが働いているように思う。企業統治がワンマン独裁型の力の統治で成功した企業は、企業が続く限りワンマン独裁型の統治システムが残り続ける。合議制で成長した企業はやはりそのシステムを継承する。企業創設・成長の理念は企業継続の理念になっていく。調査対象企業の現状と将来を見る上で、この原則は興味ある視点である。

まずはターゲット企業の統治メカニズム、経営理念、企業文化を調べ、どのような慣性が働いているかを考える。次にそこに変化が生じているかどうか見ていき、もし変化なく過去の成功の理念が継続されているのであれば、企業環境が激変する現在、同じ原理原則で乗り切っていけるはずはないと仮定する。そしてもしその理念が崩れればその企業はどうなるか、どこからひずみが生じてくるかを考える。ワンマン独裁企業であればトップの判断力に陰りが生じたとき破綻の芽があり、合議制で成長した企業は衆愚的になったときが危機となる。そこに自社の優位を確立する戦略を構想する。他社の失敗を踏み台にして自社の成功ストーリーを作っていく。また理念を変更させてきているとすると、どの部分を継承しどこを変化させているかを把握し、自社もその方向の先をいく戦略、あるいはその逆の戦略を考える。

◆企業の技術理念と新技術の系譜が技術行政を規定する

企業経営が成功のメカニズムに規定されるのと同様に、企業の技術行政においても組織としての成功の理念、戦略、戦術は世代を超えて継続されていく。また組織としての理念がなく、個人的な発想で成功した組織は、いつまでも体系的な理念はなく右往左往しながら偶然を待つことになる。

競合企業の技術行政の現在と将来を考えるとき、まず必要な作業は、調査対象企業の新しく開発されていく技術の系譜を、世界の技術革新と対比させながら歴史年表のような図表にしてみることだ。そこにその企業の技術理念と技術特性が読み取れるはず。企業特有の技術方向、技術領域、技術力、連携している企業・機関などの経緯が把握できる。情報化時代だからこそ、公開情報だけでも相当詳細なまとめが短期間で可能になっている。そこで自社技術と対比させながら技術戦略を策定することになる。

技術進歩が激しい時代だからこそ、先行すれば蓄積技術も含めて後発企業では追いつけない、新しい事業価値を創出できるかも知れない。逆に急速な技術進歩によって、これまで培ってきた技術の蓄積が不要のものになる場合もある。最新技術を獲得すれば後発でも先頭に立つチャンスは充分ある。過去からのしがらみがないだけに、大きく飛躍できる可能性もある。いずれにしても最大の課題は、いかにして差別化された価値を創造するかというコンセプトの構築にある。

(6) 社内改革の徹底で抜きん出る発想

事業の経営戦略を考えるとき、先に述べたように社外との競争環境の変化を見る視点と同時に、社内のあらゆる経営要素に注目して課題を見つけ、組織を挙げて徹底して改革していく視点の重要性があげられます。この強い意志が他に抜きん出るイノベーション発想につながります。この項では社内改革をイノベーションの視点で考えていきます。

自社に内在する課題の発見と克服は、通常社内の常識や合理性に抑え込まれ、また権力構造が検討対象になる可能性もあって、難しいものです。それ故にこの厚い壁を打ち破り、「本当のあるべき姿」を求めて立ち上がることができたときは、他に抜きん出た企業価値、あるいは組織価値を獲得する第一歩になるのです。広く利害関係者（顧客、株主、社員、取引企業、地域社会）の「本当の欲求」を知り、その上でリーダー自身が誇りをもって語れる合理的観点から、悪しきしがらみや仕組み、通用しなくなった論理を排除し、徹底した改革を実践することが望まれます。

社内改革は必然的に既存の価値観の一部変更を余儀なくされます。従ってこの推進にはどうしても経営トップリーダーの旗振りと支援が必要です。トップリーダーは、イノベーションを新製品開発や社外に向けた競争環境の視点からだけではなく、「イノベーションの芽は必ず社内にもある」と声を大にして語り、社内の点検を常態化するための指針を示すと同時に、戦略的な社内革新センターシステムを構築し機能させる役割を担っています。

そこで「徹することで抜きん出る」ことを念頭に、徹底した姿勢で取り組むべき社内改革の視点を考えていきたいと思います。

①経営の理念と戦略の一貫性と移り変わりを評価基準をもって検証する

いかなる事業経営にも歴史がある。事業の成長、拡大、そして成熟期の競争激化の中で、創業期の経営理念、戦略のある部分は一貫性をもって受け継がれ、ある部分は社内外の状況変化に対応して変化していく。社内組織も同じように、ある機能が期待されて編成され活動が始まり、そして環境変化や組織能力の変化などによって、期待される役割も変化していく。その中で組織運営の理念ややり方もまた初期からの一貫性をもった部分と、変遷してきた部分をもっている。

社内改革は、経営トップは勿論あらゆる組織リーダーがその必要性を認識し、共有していることが条件になる。現状の事業活動はそもそも各組織リーダーたちの考えの集積結果であるだけに、そこにはそれぞれの経験に基づく常識や合理性、また既得権益や自己実現の思い、自己変革回避の思いも入っている。従って今のやり方を変革しようとするとき、本来変革推進の先頭に立つべき上級幹部の人たちが、逆に最も強い抵抗勢力にもなりうる。

経営中枢が社内改革の必要性にいち早く気付き、トップダウンで仕組みを作っていければ迅速に成果を生み出せるのだが、それがない場合、社内改革の芽を見つけ育てる役割は中堅リーダーが担うしかない。志を共有する仲間と協働して、直接的な効果が大きくさらに波及効果も狙ったテーマに的を絞り、改革のコンセプトをまとめる。

今直感的に問題だと思っている事柄があっても、直ちにその改革を求めるのではなく、一度立ち止まって事業や組織の理念、戦略の歴史を見つめ、一貫性と変遷の過程を検証する。時々の判断は的確だったか、どうあるべきだったか、そして現状の課題はなぜ生じているのか、ということを歴史的観点から分析していく。その上で事業経営の理念、将来展望、戦略はどうあるべきかを改めて書き出してみる。この話をしていてよく言われることは、「そんな昔のことは知らない」とか「はっきりしたものはないですよ」ということだ。事業展開の過程には必ずいくつかのターニングポイントがあり、そこには何らかの経営意思が働いている。相当な推論を必要とするにしても、先輩や仲間と感じていることや思ってきたことを語り合い、上司やOBにも取材して、現実を見つめ直す大切な機会にしたい。

ここで改めて事業と組織の理念、将来展望、戦略の中で、一貫性をもって継承していく事項と、削除、修正、新規挿入すべき変更事項を仕分ける議論をしたい。このとき何を残し何を改めるかは大変難しい判断になる。単なる思いつきでは危ういし、論理的な説明ができない事柄もある。自分なりの評価基準をもっていると、スピーディーに思考を巡らせることができ、ブレのないより客観的な判断ができると考える。まずは現在の事業あるいは組織の特徴を、事業運営プロセスにそってバラバラに分解して、その一つひとつの項目について、自分たちの評価基準から妥当性を検証する。失敗への反省、クレームへの対応やクレームの原因分析からも、変革すべき芽が見えてくるだろう。既存の価値観を見直し、大切と考える物事の優先順位をどこまで自由な発想で変更できるかが大事なことになる。ぜひとも残しておきたいこと、思い切って変えたいことがあっても、一度立ち止まって評価基準に照らして再検討する余裕をもちたい。

この難しい識別の知恵を与えてくれる評価基準は何か。私は先に述べた「人間の本性を考えること」、そして「企業ブランドへの信頼性を高めること」だと考える。それぞれの立場で、現実の事業活動が世界の人たちの心をとらえ、信頼を得るために、自発性、論理性、倫理性、柔軟性、創造性、俊敏性、社会性の観点から「なぜ存在するのか」「何のためにどうあらねばならないのか」と自らに問い続けることで、評価基準、判断基準は整理されていくと考える。自分なりの思考基準をもって物事を見ていくと、感性に磨きがかかり信念が芽生え新しい発想が生まれてくる。

②内在する技術力とビジネス展開力の特性を徹底的に活かす

企業の内にいると、特徴的な技術もビジネス展開の工夫も、当たり前のことと思ってしまうことがよくある。我々の得意な技術は何だろう、自分たちの事業活動で得意にしてきた仕組みやビジネスモデル、やり方は何だろうと自らに問いかける。意識して社外の声にも耳を傾ける。当たり前と思ってきたことが、意外に素晴らしいことだったと驚かされることがある。内在する特徴的な技術やビジネス展開力を互いにほめあい、外からもほめてもらい、誇りをもってその特性を磨き、伸ばし、活かす、このスパイラルアップが他に抜きん出た発想を導いてくれると考える。

自社に内在する優れた能力を見出し、その特徴を徹底して活かす発想のヒントを得るために、二つの思考視点を考えてみよう。

◆自社のコア技術を軸に自前主義の発想と世界ニーズとの統合

コア技術をもって開発した商品で起業し発展を遂げた企業では、自社の特性を活かして他社との差別化を強調し、追従を許さないためにコア技術を軸に自前主義に徹した発想で、環境変化にも対応していくことを志向している。

コア技術からの拡がり戦略はアイディアの宝庫をもつことでもあり、そこに豊かな発想を展開することができる。コア技術を活用する独自の事業戦略ストーリー作りは、自前でしかできないという自信と誇りが湧いてくる。コア技術を先端技術として絶え間なく磨いていて初めて、他の先端領域で知りたいこと、やってみたいこと、他の技術と連携してみたいことも高いレベルで見えてくる。そのとき異分野とのコラボレーションが視野に入る。コア技術を軸に世界への拡がりを思考する発想と、世界のニーズ、世界の先端技術をコア技術に結び付けていく発想との統合は、戦略上の大きな柱になる。

◆自社の得意な「ビジネス展開力」を徹底して活用する発想

事業経営は「技術力」と「ビジネス展開力」の車の両輪からなる。このビジネス展開力とは究極のところ様々な場面で「人の心を動かす力」といえるだろう。この項の要点は新製品開発といった目に見える武器に頼ることなく、ビジネス展開力、即ち人の心を動かすノウハウで戦う発想をもとうということである。

自社のコア技術は何かと自社技術の歴史を振り返ってみると、モノ作り技術の系譜ははっきりしている。しかし自社が得意とするビジネス展開力とは何かと問われるとどうだろうか。リーダー個人の個性であったり、得意技であったりと属人的要素が強く、組織的、継続的ではないように思われる。トップリーダーが長期にわたって強力なリーダーシップを発揮している企業の強さの一つは、一貫性をもったビジネス展開戦略をもっていることだと思う。社員にとっては中心課題を共有している故に分かりやすく、その範囲内であれば安心して多様な発想を出し合え、情報の発散と収束を協働しやすい利点がある。登山であれば中腹から決められたルートで登るイメージかも知れない。

強力なリーダーシップがなく麓からルートを選択して登り始めるのであれば、ルートを見定めるために、まずは自社の事業開発、事業戦略の歴史を見ていくことになる。例えば、新規事業領域に進出して成功しているとすると、その事業開発のアイディアから事業展開のキッカケと道のりを先輩たちに取材する。また企業連携でシェアーを大幅拡大して寡占状態を築いたとしたら、そのときの企業連携の交渉内容、連携後のフォローのあり方にも興味が湧く。またM＆Aで傘下に入った赤字企業が一年後に黒字転換したとしたら、成功の原因になったリーダーシップ、マネジメントとはどのようなものだったかなど。社内の各事業の歴史を取材していくと、そこで発揮された自社特有の「展開力」の真髄を理解できるかも知れない。そして事業のストーリーを作っていった人たちの哲学、ノウハウを学ぶことができる。各事業のキーマンに取材するとき、いくつかの質問のキーワードさえもっていれば、必ず懇切丁寧に二時間でも、三時間でもイキイキと語ってくれる。社内のこの貴重な知的財産を徹底して活かさない法はない。

ここでの発想は、「何をやりたいか」「何をすべきか」という基本的な考えと、自社が経験しノウハウをもつ「ビジネス展開力」とが重なるところに、新しい事業コンセプトを求めていくということである。こうして得られた事業モデルの開発は、技術に優先する課題と考える。技術の構築は後で考えればよいというスタンスで見ていく。自社の経営資源で不十分な点があれば、技術導入、企業連携、M&A、水平分業、OEMなどで補う。ともかく革新的な事業プランを決断さえできれば、あとは得意なビジネス展開力を駆使して、その実現に邁進するのみということになる。

③社内の制約を受け入れ事業理念・目的に一途に向かう中で現状を突き抜ける

どのような企業、組織にもヒト、モノ、カネ、情報などの経営資源上の制約や、歴史的、文化的、地理的な制約もある。そこに負い目を感じても、ただ愚痴を言って責任回避しても、何の現状打開策も生まれない。「制約は革新の母」とも言われる。では現状の制約に仕方がないとあきらめず、イノベーションのキッカケを見つけるとは、どのようなことなのだろうか。そこには二通りの道すじがあると考える。

◆制約から自由になったと想定したときに浮かんでくる発想

身の回りの「制約」をまず認識し、その制約をじっと見つめたとき、イノベーションにたどりつくにはどう考え行動すればよいだろうか。イノベーションとは「未来の当たり前を先取りすること」とも言われる。今どうしようもない制約があるからこそ「当たり前」にできないことでも、もしその制約を取り除ければどのような世界があるだろうかと考える。メンバーの中には変革の意識をもっていても制約があってやれないでいる者もいる。チームリーダーは可能な範囲であっても制約や抑圧をはずし開放すると、意欲のある者は考えをイキイキと語り始める。新しい事業モデルをイメージできれば、それに関わる制約を特定でき、それを取り除く方策も自ずと明らかになってくる。

◆既存の価値観・制約の下でも徹底して生き残ろうとする発想

外の世界に事業革新の芽を見つけてくる人や、現状の制約に疑いをもってその克服を考える人たちがいる一方で、既存の価値観、常識、制約の下でひたすら誠実に日々の業務に取り組んでいる人たちも多くいる。このような人たちは革新的な発想に出会えないのかというとそうではない。行く手に動かしがたい制約があれば、その回避策を巡ってチームが一つになり、制約をそのままに現状のよいところを活かしながら、思いがけない組み合わせや組み換えを考えるなどして、目的に沿いながらも制約がなければあり得ないユニークな発想にたどりつくことがある。

また現状の制約に何の疑いももたず矛盾を感じることがなくても、市場からは多様な情報が次々と入ってくる。経営中枢からも種々の指示が下りてくる。その一つひとつに誠実に向き合って、課題を解決していく業務遂行の各ステップには、当然いくつかの分かれ道があって選択を迫られる。誰も気付かないような小さな選択でも、その選択のとき生き残りを徹底して考える人には革新的な発想が期待できる。事業の生き残りをかけて目の前の課題解決に邁進するとき、既存の価値観や常識、上司の思惑といったことに突きあたっても、妥協するといったことは頭の中から消え去っているに違いない。現状から飛躍した生き残りの発想が芽生え、事業の目的、使命感に突き動かされて、周りの思惑を超えたイノベーション発想が湧き出る。

現状に何らかの違和感や危機感をもっていても、どのように考えればよいのかが分からないという場合がよくある。迷っていても現状打開はできない。その場合は思い切って迷いを一旦封じ、現状で課せられている業務に没頭することだけを考える。事業の目的・使命との関連を徹底して考え抜き、生き残りの試行錯誤を徹底してやり抜く。そうすれば事業価値を高めるアイディア、他との差別化への革新的な発想に必ず突きあたり、無意識のうちに既成の概念を突き抜けることができるだろう。誠実な人はあるとき暴発するとも言われる。物事に対して考え抜く強い意志をもって、誠実にその姿勢を貫き通す徹底力によって創造力は芽生える。

(7) 現場主義の落とし穴を理解し、その対策から発想するビジネスプラン

中堅リーダーは現場情報を得るために、市場や関係企業の対応者への取材やアンケート、またチームメンバーへの問いかけやグループでのディスカッションも行います。ここで得られた情報をそのまま現場の実態と確信し、時には誤解したまま事業の戦略、戦術の前提にすることがあります。現場の声は、現場に居合わせていない者に対してかなりの説得力があり、空気を支配することもあります。現場の声は現場を知る上で大事な情報ですが、それは先にも述べたように「事実情報」であって、事業戦略・戦術を考える「解析情報」ではありません。現場の声も多くの場合、その奥にある潜在意識の中にまだその本質が埋もれていて、課題解決の方向性が見えていないからです。この現場主義的落とし穴の意味するところを認識し、対策を準備しておくことは、現場情報のまとめ役になる中堅リーダーの大切な役割と考えます。同時に、現場情報の落とし穴を克服する思考の中に、新しいビジネスプランを発想する種があることを意識しておこうというのがこの項の要点です。ここには二つの視点を提示しました。

①現場の潜在意識を情報として「見える化」することで浮かんでくる発想

消費者や、事業活動の前線で働く人たちの潜在意識の大事なところを、情報として他の者にも見える形にする手立てが必要になってくる。顕在化された現場の声だけではなく、むしろこの潜在情報が新しい事業モデルの創造や業務改善に大きな意味をもつ。

潜在意識の見える化には二つの方法があると考えている。一つ目は現場に入っていくことだ。リーダーやメンバーが生産や消費の現場に入っていく、またリーダーがメンバーの活動現場に入っていくことを意味する。現場の同じ立ち位置で、目線を合わせ、ある意味「異文化」に溶け込むことによって、現場の思考様式、行動様式を把握する方法である。彼らにとっての何気ない日常の中で、強く印象付けられたこと、思いがけない発見を「見える化」していく。

二つ目は、製品を生み出す側、商品を提案・提供する側の「専門家であればこその気付き」だ。専門家であれば現場の人たちの潜在意識を刺激して、顕在化への気付きを与えることができる。例えば、製造マンが現状で考えられる改善を尽くし、一応の満足感をもっていても、製造現場の安全、衛生、品質、コストの改善・改革を常に考えている設備設計やプロセス設計の専門家であれば、表に現れていない製造マンの潜在意識を呼び起こす問いかけや提案ができるはずだ。また製品開発に携わった研究技術者であれば、消費者のさりげない感想も直ちに快適につながる具体的な機能と技術的可能性として「見える化」できるかも知れない。

現場の声と、現場の人たちの潜在意識を「見える化」した情報とをミックスして初めて、現場情報の重要性が高まり、現場を感動させる商品やサービスの開発、あるいは劇的なコストダウン、効果的な業務改善の発想が生まれると考える。このような現場の見える化活動もまた、事業現場の前線に立つ中堅リーダーの独壇場といえるだろう。

②現場情報から実態の変化を知り先んじる発想

ビジネス環境の激しい変化が、事業に関わる各方面の最前線で価値観・力関係の急速な変化を生み出している。この現場意識、現場実態の激しい変化の認識に欠け、立ち止まって現場を見ていては、直ちに現場主義の落とし穴に落ちてしまう。刻々と変化する現場環境を追い続け、実状の全体を見渡しながら遠く先を見ようとする視線が大切になる。

激しい変化に対応した現場情報戦を、組織としてどこまで徹底してやり抜くことができるか、そこからどのような将来を見ることができるかがリーダーの勝負どころになる。長期戦を考えるとき、ターゲットを極力絞りピンポイントを狙って情報を集める方策を取るか、あるいは全方位のあらゆる情報と向き合う方策を取るかは時々に応じて重要な選択になる。またあらゆる局面で決断を迫られるリーダーにとって、情報収集に完璧ということはあり得ないという割り切りも大切な判断である。

企業間の力関係、競争力は少し長い目で見ると常に変化している。優良企業でも表に見えている強みと裏側に隠れている弱みとが、いつひっくり返るかも知れない危機をはらんでいる。企業力を評価するチェックポイントをもち、まずは自社を評価し襟を正すことを誠実に実行できれば、強力と思えた競合企業に対しても、どこかで逆転し先んじることができるかも知れない。事業環境の変化を察知し、将来の「当たり前」を先んじてつかみ取る発想を求め続けることによって、競争状態から抜きん出るチャンスが必ず訪れると信じる。

第四章

創造性を育む「場」と「システム」を考えよう

一人ひとりの、そして組織としての創造性はどうすれば育むことができるでしょうか。経営のトップリーダーは勿論、中堅リーダーも一般社員も「創造性を育む」ことについては同じ方向を向いているはずです。ただ役割の違いによってその視点は異なってきます。経営トップは創造性を判断力、決断力にいかに活かすかが決定的な視点ですが、中堅リーダーは経営の意図と現場感覚を統合した視点に創造性を活かして経営参謀力を発揮し、同時に優れた統率力で経営目的を実現させていきます。どのような立場であれ創造的な思考、革新を生む発想は課題発見、課題解決を探求する長い反復の過程を経て培われるものです。

創造性を育むメカニズムを考えると、よく知られている二つの仕組みの大切さを再確認させられます。一つは多くの人と出会い、多様な知識が交流し、精神的に刺激を受ける、対話の「場」です。もう一つは個々のアイディアを事業革新へと導き、かつ組織の創造性を体系的に育み伸ばす役割を担う「システム」の構築です。

この第四章では中堅リーダーが自らの、そして組織の創造性を高め、革新的なビジネスプランの発想が湧き出るような環境整備の課題を、「場」と「システム」で考えていきます。

1 創造的思考を育む「場」を考える

気楽な雰囲気で率直に語り合える場は素晴らしいものです。対話を通じて人は刺激を受け新たな視点で思考を巡らせます。互いに自分の思いを伝え相手の思いを理解しようとする努力が、互いの成長を育みます。様々な人たちとの出会いの場は、知識の交流だけではなく他を知り自分を知る機会になります。

人との出会いを創造的な場にするには、場に対する考えをもっておく必要があります。漫然と人が集まる場に加わっても何の刺激もなく、それっきりということはよくあることです。互いに自分の思いに誠実に向き合って語りあい、相手の心を揺らし自分の心が揺らされる対話の場を作りたいものです。

創造性を引き出してくれる場作りのためにも、場作りを阻害する要素を取り上げ考えてみましょう。それは互いの無関心、無視、警戒心、不信感、無責任といったことが考えられます。これらの心のありようを推し量ってみると、環境変化があっても自分は変えたくないといった過剰な自己中心の思いが感じられます。長い人生経験から築かれた価値観を考え直してみることができないのです。

しかしそれではいけないと気付いたとき、創造的な場をもちたいと思ったとき、何が背中を押し勇気づけてくれるでしょうか。それは互いのおせっかいを認め合うということではないでしょうか。「おせっかい」は社会学でいう「越境の知」で、自分や全体にとって、また現在と将来に対して本当に大切だと思うことに、専門領域を越えて誠実に向かい合い対処することを意味します。これは自分の殻を硬くしている人にとっては大変難しいことですが、自己変革の第一歩だと覚悟を決めることです。自分の壁を厚くしていては、変化が激しく混沌とした今の世界で生き抜くことはできません。互いのきっちりとしたすみ分けや分担が長続きすることなど、あり得ないからです。

一人ひとりが自分の殻に閉じこもっている組織では想定外の課題が起きた場合、野球になぞらえて言えば一歩も動けず三遊間を抜かれてしまったということが起こります。ただ見送るだけなのか、あえて気付こうともしないのかも知れません。日々の想定外の出来事に対応するには、互いに想定していた自分の守備範囲を越えて飛び込んでいかなければなりません。そこで激しくぶつかり合うこともあるでしょう。しかしそれを恐れていたらチームを救うことも、ファインプレーで賞賛されることもありません。事業革新を誠実に推進していけば、情報を共有し分担しながらも、互いに口を出し合い「おせっかい」を認め合って知恵を出し、協働していくことの重要性を実感できるでしょう。この高度な連携を実現するためには、相手の心の中に土足で入るのではなく、相手の状況を思いやる心遣いの大切さ、そこに芽生える信頼関係の意義を学ぶことになります。

誰もが目の前の課題に没頭し解決していかなければなりません。日々の実務にのめり込まないと突破力を発揮できません。一方で、のめり込みすぎて視野が狭くなると周囲が見えなくなり、壁にぶつかってしまうというジレンマに苦しみます。それを克服するためにも、仲間と語り合う場をもち、自分の思考領域に踏み込むおせっかいを許し、仲間の異質な視点も刺激として受け入れる心の余裕をもつことです。

リーダーはチームの状況を把握しながら、高ぶる情熱と冷静な客観性が溶け合っていくような「場」を配慮していきます。一度心地よい場を経験すると脳にドーパミンの分泌が促され、心に響く場を繰り返しもちたいと思うようになります。このようにして継続性のある場づくりを考えるとき、場にはいくつかのパターンがあることに気付きます。リーダーはそれぞれの成り立ちや特徴を踏まえて、場の支援や企画、運営を考えていかなければなりません。そこで「場」の四つのパターンを取り上げます。

(1) 同じテーマをもっている人たちが共鳴し合って集まる「場」

コストダウンでも売り上げアップでも、課題をもって「本当のところは何だろう」「どうすればよいのだろう」と考え続けていると、周囲の人たちに何気なく取材する行為が出てきます。すると同じテーマをもつ人から逆取材を受けることになり対話が始まります。やがて共通のテーマをもつ者がそれぞれに異なる知識をもって集まり、知の交流の場が形成されていきます。

自然発生的に気楽で真面目な場が生まれる要素としては、まず現状から何らかの変化を模索している「変革の種」をもっている人が複数いることです。変革への強い欲求をもっていても一人で考えるのでは限界があり、他からヒントを得たい、連帯できる人を得たいという思いが心の底にあります。アイディアは人との交流によって不要なところが濾過され、共感を得てふくらみ、刺激されて視野を拡げ、現実に通用する企画へと進化していきます。

場の形成は、それぞれが自分の思いを誰かに語りかけるところから始まります。組織はメンバーが本音を言い合って初めて正常に機能します。言いたいことや言うべきことを言えないでは何も起こりません。場は本音で語り合うトレーニングの機会を与え、苦難をともに乗り越え共感、共鳴できる戦友を育む機会にもなります。本気で共通の課題に立ち向かえば、当然積極的な領空侵犯のおせっかいも出てきます。この互いに重なり合うおせっかいに刺激があり、それを認め合うところに互いの成長が生まれます。テーマを温め育てながら、共鳴し合う人たち、本音で語り合える人たちが集まってくるまで、意識して「求め」かつ「待つ」ことが場の形成には大切な要素です。

(2) 日常の雑談から派生した気心の通じ合う人たちとの交流の「場」

日常的に、飲み会などワイワイガヤガヤと雑談をする集まりはいろいろあります。初めのうちはもっぱら無駄話に花が咲きますが、何回かの集まりを重ねていると、次第に共通する関心事が話題の中心になっていきます。自社のこと、競合他社や業界、グローバル経済のことなど、日頃気になっていることが出てきます。互いに無責任に勝手なことを言い愚痴をこぼし合いますが、それも途切れてくると「どうしたらいいのだろう」ということになってきます。「雑談はアイディアの宝庫」と言われます。とりとめのない話の中に突然、「これはおもしろい」と日頃考えていることのヒントになる気付きをもらうことがあります。異質な意見に虚心で向き合いじっと聞くという受動的な状況でも、主体性をもち続けることで創造的な発想が芽生え育まれます。これまでの自分の価値観で真実と思っていたことが、立場を変えると必ずしも真実ではないというように、他の価値観から光を当てると新しい真実も見えてきます。「場」は異質なものを自分の中に気付く貴重な機会でもあるのです。

(3) 社内のフォーマルな会合後のインフォーマルな「場」

経営主導で社内の関連部門から中堅メンバーが集まる種々の会合の場があります。社内の中堅幹部研修会や種々の課題解決プロジェクト、またいくつかの研究所メンバーが集まって、主要テーマの状況を発表し合う会などもあります。このようなフォーマルな会合の後、各部門の中核メンバーがこのまま別れてしまうのは何となくもったいない、定期的に集まっておしゃべりしようということがあります。

この異分野の人たちが集まる場は、とても意義ある雑談の場になります。取りたてて議題を決めていなくても、誰かが話題をもち出します。誰かが自分の直面している課題について熱く語れば、たとえ今自分にとって関心がないことでも、自分のことのように聞き入ります。知恵を求められれば最善を尽くして応え、興味を覚えることには突っ込んで勉強してみようとします。日常と異なる思考領域で意見を求められ、何とか答えようと考えを巡らせしゃべっていると、今まで気付かなかった自分が見えてきます。私の経験でいえば、当時の私のキャリアが研究所だけだったこともあって、経営戦略論やマーケティング論になると何も語れない自分に気付き、少しは話に加わろうと、これらに関するいくつかの入門書を読んだことを思い出します。また逆に単なる興味で歴史関係の書物や総合雑誌などを読んでいたことが思いがけず役に立ち、意外に自分なりに意見が言える知識を蓄積してきていたことに気付いたこともありました。会を重ねていると今自分が抱えている大事な課題を語るチャンスも巡ってきます。いろいろな角度から突っ込まれる中で、解決のヒントや心の内に引っかかっていることが何なのかといったことを直感できる瞬間がありました。互いにいつでも課題を語れば、それぞれの情報網を駆使して多様な知識が集まり、ユニークな知恵を出し合う場になっていました。当時最も刺激し合った友人と数年後に再会したとき、「あのとき出会ってよかった」と肩をたたき合ったことを思い出します。

⑷ 組織ニーズに対応して企画された「場」

企業ニーズとして、例えば「自社が進むべき技術領域の将来展望」といったテーマが設定され、各部門の中核メンバーが集められ、そこに状況に応じて大学等社外の専門家も参加する研究会などが開催されます。それを定期的な懇談会として継続させ、人脈づくりや情報のネットワークづくりに活用するといった、経営企画的な場づくりがあります。

また事業革新や商品開発などで経営を抜本的に見直そうとするとき、具体的な課題解決プロジェクトを編成する前段階として、経営見直しのコンセプトをまずはイメージしようという課題発見の場が企画されることもあります。関連する部門から指名された中核メンバーが集まり混沌とした状況の中で、現状に対する本質的な問題点、取り組むべき課題の方向性、そしてその解決のためのコンセプトなどについて、激しい議論が展開されます。

職場の小さい単位でも、特殊な課題には一般の会議とは区別して、必要最小限の人数で時間も回数も気にせず、顔を突き合わせ徹底的に話し合い練り上げていく場があります。

これら組織ニーズによって企画された「場」ではその特質から、運営は組織リーダーのリーダーシップにゆだねられます。そこでリーダーが認識しておくべきことを取り上げておきます。

◆参加者の人選についての視点をもつ

- 自発的に参加を希望している人。
- 日頃から意見をもっていて、自分なりの考えで発言できている人。
- 独自の専門性をもつ人。
- 「学び」の習慣をもつ人。

これらの少なくともどれか一つに当てはまる人を選出する。

◆場の人員構成に配慮する

▪課題解決に必要と思われるいくつかの専門分野の人材を、バランスよく配置する。
▪戦略論を語り企画力のある人材を加える。
▪現場最前線にいる人材を加える。
▪ファシリテーター的役割を担える人材を加える。

ファシリテーションの意味するところは森時彦著『ザ・ファシリテーター』から引用すると、「ファシリテーションとは、人と人との相互作用を活発にし創造的なアウトプットを引き出すこと」さらに「チームが課題を共有し、効果的に考えを交流させ創造的な答えを導き出す。動機が内在化し自発的で活力にあふれた行動が生まれる。1＋1が2以上になるようなポジティブな化学反応が現れる。これが優れたファシリテーションの効果である」と。ファシリテーターはよくミーティングの進行役になり、会の目的にそって討議の進行方向を修正したり、議論に刺激を与え相互理解と結論への合意形成を促す。なおファシリテーターは、会の趣旨に対する専門性は求められない。

◆日頃からの準備力を発揮する

物事の本質に向かう議論を引き出すために、いろいろな角度からの質問内容をまとめておく。メンバーが日常的に考える意識がもてるように、日頃から組織にとって大事な情報はメンバーに知らせ共有する。

また「場」の構成メンバーについては、組織のいわば強者にも弱者にも参加させ、発言の場を与えることも大切です。強者には難局の壁を突破する破壊力、そしてその後の組織再構築力を期待します。充分な議論を重ねることで互いの信頼関係を築き、破壊と建設の両立の概念を共有します。組織の中のいわば弱者に当たる人たちは、日頃現場にいて現場の現実を最もよく知っています。しかし彼らは声細く多くを語らない傾向があります。彼らも場に参加させ発言の機会を与えることは有効です。リーダーは彼らに寄り添い「本当の現場事情」「日頃の思い、要望、提案」に耳を傾けます。

事業活動は混沌の中でもがいているのが現実です。社内外から事業存亡に関わる膨大な情報が日々もたらされ、それに応えるために限界ともいえる大きなエネルギーが注がれています。人は目の前のことに忙殺されると周りのことが見えなくなります。そんな状況だからこそ現実に対処しながらも将来を模索する場、革新的な発想を模索する場の存在は極めて重要な意義をもつのです。しかし有意義な場をもつこと、そしてその場を継続的に運営していくことは簡単なことではありません。

自然発生的な場の形成は、現状と将来への危機感をもち、改革していきたいとの強い気持ちをもつ者が複数いて、その上で彼らが出会うことが前提になります。そこには多分に偶然を伴いますが、このような自然発生的な場ができれば、組織のリーダーとしてはまずは活動の状況を見守ります。アウトプットされてくる事象を待ち、ときには参加してファシリテーター的役割を演じたり、スポンサー的役割を果たすこともあります。

リーダーが場を企画する場合も、事業革新を志す人材がいることが前提で、志ある人材を複数見つけ出し場に参加させることになります。メンバーの改革思考が低ければ、場を活用して革新的な思考力を高める知識と精神を鍛えることになります。最後に「場」の意義と「場」の課題について付け加えておきます。

◆「場」の意義

- リーダーの力量、想像力を超えた発想が期待できる。多様性が固定概念をくつがえす力になる。
- メンバーが互いに組織目的にそって議論することで、知識の交流が進み、組織目標への理解と納得、思考の一体化が促される。このことは各自の活動現場での意思決定力、即応力を高める。
- フォーマルな業務運営で、ＰＤＣＡサイクルを回して成果を追求するパターンだけでは、身近なところでの部分最適に陥りやすいという問題がある。限定した思考の枠をはずした柔軟なつながりの場の中で、部分最適と全体最適の葛藤が起こり、両者の課題が浮き彫りになる。そこでの全体最適の論理が、部分最適志向や個人的成果主義に固まった人の頭を切り替えるキッカケを与えてくれる。
- 場の意義を理解した思考と行動が成果を生み、組織の活動習慣として定着したとき、創造的な組織文化が醸成されたことを意味する。

◆「場」の課題

■信頼関係に基づいた場の運営ができ成果にもつながることで、メンバーの快感が得られれば、場は継続されていく。しかし場を不快に思う人、支配欲の強い人、他への配慮に乏しい人が入っていて全体に影響が及ぶと、場は活力を失いつぶれてしまう。違和感をもつ人をどこまで許容できるか、また互いにどこまで異質を受け入れるだけの自己変革ができるかは、残された大きな問題だ。少なくとも私自身は、「単純で率直な態度が出会いを可能にする」という言葉を大切にしたい。

■組織のリーダーに場に対する理解がない場合、特にワンマン独裁型リーダーでは役割分担を明確にしたフラット組織になり、独善的指示、命令の下で個別に成果が追求されると組織内は分断される。そうなればどうしても「場」は秘密結社的になってしまい、組織内の葛藤を強め、その結果内向きに多くのエネルギーを消耗する事態になってしまう。

■過剰な自己中心型、権力志向型の人が、場作りのメカニズムを使って分派活動の場を作り、自己実現のみに利用しようとする場合がある。この場合もイノベーション思考を阻害するだけでなく、内向きに多くのエネルギーを割くことになる。これを健全な組織に戻すためには強力なリーダーシップが求められる。

■「場」は多くの場合、組織の上意下達を担うシステムではない。従ってリーダーにとって、場の存在を知るとコントロールできないことが不安になり、往々にして邪魔をし、潰しにかかることがある。場の志向をいかに組織の創造性に結び付けていくかは、大きな課題として認識しておく必要がある。

長所の裏側には必ず負の側面が潜んでいます。これらの課題にどのように対処し克服していくかは難しい問題です。しかしリーダーは少なくともこれらの両面の意味を知って、克服策を準備し決断していかなければなりません。

2 組織のイノベーション推進機能を担うシステムを考える

一人ひとりが創造的な何かを発想することが事業革新を生む第一歩です。しかし個人がユニークなアイディアだと思っても、限定された知識の範囲内で浮かび上がった発想です。自分の中では論理的に詰めたつもりでも、事業レベルで考えると多様な知識を加える必要があります。また大きな常識の壁を破る難しさに直面したり、既存の合理性を不合理だと提案しても、説得することの難しさを実感したことがあるのではないでしょうか。一人で苦しんでいても個の限界を超えることは難しく、自分を支え励ましてくれる仲間や上司の存在が必要です。個の限界はチームで補うしかありませんが、より強力にするには経営戦略的にイノベーションを推進するシステムを構築し機能させて、この課題を組織で克服することが望まれます。中堅リーダーが創造的な事業展開を考えるとき、このイノベーション推進システムとの関わりは必須です。自分の現実を見つめ、イノベーション推進の多岐にわたる課題の中でどのような関わりをもつか、自らシステムに参画するつもりで考えてみてください。

イノベーションを推進するシステムを考えるとき、次の二つの機能が浮かんできます。一つは全社的な経営スタッフとして各部門の状況を有機的に結び付け、イノベーションの統括的な推進を役割とするセンター機能です。もう一つは事業部門や研究開発部門など、それぞれの部門の専門性を強調した支部的機能です。前者は、全社的にイノベーションを推進し同時に創造的な文化を育む政策センターのイメージで、「イノベーションセンター」と記していきます。後者は、部門のテーマ開発を推進、支援し、メンバーのイノベーション思考と行動を推し進めるイメージで、「テーマ開発チーム」と記していきます。テーマ開発チームは日常的には部門長のリーダーシップの下で活動しますが、イノベーションセンターとは緊密に連携、協働し、経営資源的な支援、サービスをセンターから受ける関係、というイメージで話を進めていきます。なお両イノベーション組織全般を対象にしている場合は「イノベーション推進システム」と記すことにします。

いずれの組織も最小限の専任担当者をおいて、イノベーションの推進母体となるのですが、対立する課題や矛盾に満ちた難問が待ち構えています。判断の難しい例をいくつか具体的に取り上げてみました。まずはこのような難しい選択が待ち構えていることを知ること、そして選択のときどのような判断と決断をするか、現実の状況に照らして考えてみましょう。

◆ビジネス展開力について「現状の活用」と「変革・強化」のどちらを優先するか

既存事業の拡充、あるいは周辺事業、異領域への新たな展開を志向するとき、現在のビジネス展開力の強み・弱みを分析して、強みを効果的・効率的に活用して挑戦する視点と、現在の能力を変革、強化してから挑戦する視点がある。短期成果主義に偏った経営では前者のみを要求することになる。しかし長期的に経営を展望すれば、当然後者の視点も大切に考えていかなければならない。

◆技術の「掘り下げ志向」と「拡大・進化志向」のどちらを選択するか

技術においても、既得の知識をベースに技術の掘り下げを優先する志向と、知識を大幅に拡げ、新規技術の導入や技術連携などによる技術の拡大・進化を優先する志向がある。前者は『イノベーションのジレンマ』でいわれる「持続的イノベーション」の傾向を強める。改良を重ね、既存品が改良品に置き換えられていく。製品コンセプトを根本から変革した製品開発に進もうとすると、既存品との共食いになることを恐れるあまり、必然的に画期的なイノベーションの芽を摘み取る方向に傾く。一方後者の場合は、新製品のコンセプトに「破壊的イノベーション」志向が入りやすく、共食いは前提条件になっていて、イノベーションの芽を育てる方向に機能する。それでも既存製品による受益者との葛藤に晒される。覚悟してその対策を考えておかなければならない。組織が技術の掘り下げ志向に偏ると、進化志向ができなくなるといわれる。イノベーション推進システムとしては、一つの組織でこの両立を果たすことは不可能だとの前提で、異なる組織、関連企業や他の企業との連携で両立策を考えるか、両者を統合したコンセプトの可能性を探り克服策を考える。

◆経営戦略は「技術力」と「ビジネス展開力」のどちらが先か

自社の革新的技術力がビジネス展開の戦略志向を駆り立て、ビジネスの方向性を導いていく場合と、ビジネス展開力の進化から新しいビジネスモデルを発想し、技術開発を駆り立て育て、あるいは他社からの導入、連携、M&Aで技術力を飛躍的に拡大強化する場合がある。どちらを優先するかによってビジネスのあり方、技術部門の対応もまるで違ったものになる。イノベーション推進システムは自社の技術力とビジネス展開力の現状と将来の可能性を客観的に評価し、経営の目的と戦略の確認、目標の選択、優先順位の冷静な判断が求められる。

◆「経営中枢の判断」と「現場の判断」の違いの意味は何か

経営中枢からの方針が、現場感覚では実感として受け入れられない場合がある。一方で現場の例えば特定の重要顧客層の声を集めた一部の主観的な現場提案が、経営の直感とは違う、あるいは経営が考える世界市場のトレンドや、他社との差別化を強調しようとするコンセプトに合致しない場合もある。両者が一方的な主張だけを繰り返していても何も前進しない。両者の主張が出尽くしたところで両者のコンセプトを再構成し、両立の方策を模索するか、知恵を出しあって異次元のコンセプトに到達するかと考える。イノベーション推進システムは、組織のリーダーを補佐し、状況によっては前面に立って、これらの難しい判断、選択をしていかなければならない。

では経営スタッフとしての「イノベーションセンター」が事業経営の全体最適を志向し、経営トップそして全社の各部門・組織から信頼され、期待が集まる存在になるためには、基本的なところで何を考えておかなければならないでしょうか。多くの企業で通常は経営スタッフとして、「研究開発推進室」「生産革新推進室」「業務改革推進室」などのセンター機能組織が作られますが、イノベーション推進機能としての期待に充分応えることなく、管理機能に偏っているのではないでしょうか。なぜこのスタッフシステムが必ずしもうまく「攻め」の機能を発揮できないのか、危惧される問題点を考えてみました。

■スタッフ組織に全社的イノベーション推進意欲が乏しい。イノベーションのイメージがあまりに漠然としていてアイディアはなく、出すぎると危ないという意識も働いて手に負えないとあきらめる。従って生産や営業、研究開発といった事業最前線の組織リーダーとのコミュニケーションもなく、現場からの期待に応えられない。スタッフのリーダーに経営的センスが乏しいと、危機感もなく現状を肯定してしまう。

■スタッフ組織に、経営参謀としての力量、イノベーションへの思考力・発想力、あるいはファシリテーションセンスが乏しい。

■企業内、組織内の利害対立関係に振り回されて、全体最適の独自の説得力ある主張を展開できない。

■経営リーダーとスタッフ組織のリーダーとスタッフメンバーの三者の個性と力量の関係が、スタッフ機能に大きく反映される。あまりに強力で個性的な経営リーダーの場合は、スタッフ組織自体が指示に従うだけになり、結果として無責任、責任のなすり合いになってしまい高い組織能力を発揮できない。経営リーダーがスタッフ組織をサポートする状況にあるときは、スタッフのリーダーの影響力が大きくなる。スタッフ組織リーダーのリーダーシップが強力な場合、メンバーも意欲的で力量もありコミュニケーションもしっかりしていれば理想の形になる。しかしリーダーシップが弱い場合はメンバーの意欲、力量によって組織機能が決まる。メンバーが自律的、意欲的であれば群雄割拠型になり、システムとしてはそれなりの機能を発揮するが、組織としての理念や指針は見られず機能の持続的発展性は期待できない。一方メンバーが自立意欲に乏しく従順タイプであれば、無責任・保身型になりスタッフ機能は管理志向に偏ってしまう。

■スタッフ組織の活動が短期成果主義的な目標管理制度の影響を受け、短期的に活動状況をアピールするために、現場から乖離した独自のマスコミ追従的発想のテーマや、トップダウンの特定のテーマ開発などに偏ってしまう。

全社的にイノベーションを推進する「イノベーションセンター」の活動は、これらの起こりうる問題点を克服して、期待されるシステムとして機能しなければなりません。組織の中核に位置する中堅リーダーの認識はとりわけ重要です。「イノベーションセンター」や「テーマ開発チーム」に専任、非専任にかかわらず、構成メンバーとして入る場合もあり、近くでシステムを支え、積極的に協働していく役割も担っているからです。特に部門内に置かれる「テーマ開発チーム」との関わりは深いものになっていきます。

そこで中堅リーダーに、経営スタッフとしての「イノベーションセンター」の役割、運営方法などについて理解し認識してもらうために、このシステムのあるべき姿を次の二点、「イノベーション情報のハブ機能」「イノベーションセンターの運営指針」にまとめ、さらに三点目として、各部門の支部的存在である「テーマ開発チーム」の役割、運営方法についても考え方をまとめました。

(1) イノベーション情報のハブ機能

イノベーションセンターの重要な役割の一つは、事業革新に関わる情報のハブ機能をもつことです。多様な情報を受け入れその情報を活かすために多方面に送り出していきます。そこには次の三つの行動、「情報を集める行動」「情報が集まる行動」「情報発信の拠点としての行動」が見えてきます。

①情報を集める行動

社内の種々の会議に出席するとか、イノベーションに関心をもつメンバーとの話し合いの場をもつとか、学界、業界、市場情報が集まる場所に出かけ、そこで人脈作りをするなどは基本的な行動になる。同時に大切なことはイノベーションセンターのメンバーは、重要情報の収集のたびにセンター内でミーティングを重ねることである。情報の共有化と各人の専門力を活かした突っ込みと、多様な概念の対立と統合を繰り返していく。現在の課題、将来へのイノベーション課題について語り合った内容を資料にまとめるなどして、センターとしての日常的な情報発信に備える。こうしたイノベーション知識の集積、共有、発信のプロセスが新たな情報収集の起点となる。

センターの定期的な行事として、例えば各部門が主催する定期的な「イノベーションテーマ提案」企画に協賛するなど、全社的なテーマ提案制を推進していく過程で、多くの具体的な活きた情報を集める。

また、事業革新への期待を込めて選抜されたテーマの、開発展開を担う「事業開発プロジェクトチーム」の編成、あるいは重要課題や緊急課題の早期解決を担う「課題解決プロジェクトチーム」の編成などの企画推進役、また戦略参謀役を果たすことによって、経験しなければ集まらない貴重な情報を集める。さらには創造性豊かな人材育成を目指した「創造力開発研修会」や、各部門のイノベーションを語りたい人が集まり、シンポジウム形式とワイガヤの両方を取り入れたような「イノベーション懇話会」といったイベントも継続的に企画し、事務局機能を担う。このように企画力を駆使して開発志向の情報を積極的に収集する。

②情報が集まる行動

イノベーションセンターに多様な情報が集まっていることが知られるようになると、各部門から課題を抱えてやってくる者も現れる。そこで取り上げた課題の解決の過程で現場の課題と新たな知識を学び、情報をもち寄る者、知恵を出し合う者の輪を拡げていく。一つの成果をキッカケに、遠くの存在だった部門からも問題を解決しようと訪れるようになる。役に立つ存在としてアピールすることによって、多くの人との出会いが生まれ、互いに冷静で温かい雰囲気の中で語り合うこともあれば、持論を自由に激しくぶつけ合うこともあるだろう。センターのメンバーはどのような議論の場でも、どこかにカウンセラー的要素やコーチングの手法、多様な思考にも方向性を与えるファシリテーター的視点、あるいは大所高所からのメンター的包容力が混ざり合うことを大切にする。

また少数意見にも耳を傾け、彼らが勇気を出して語る思いを、誠意をもって検討する。この対応の空気が、思い切って口を開けば客観的な視点で受け止めてもらえるという信頼関係を育み、重い口を開かせ次の挑戦を促すことになる。

このように人との出会いを大切にする行動が、彼らの創造的な思考力を育む後押しとなり、それが総合力となって彼らの組織の創造性を高め、そこで得た新たな情報をもってまた彼らが訪ねてくる。この好循環の中で、イノベーションに関する多様な情報がイノベーションセンターに集まってくる。

③情報発信の拠点としての行動

イノベーション情報の発信基地として、各部門に対して次の三つの情報発信行動を進めていく。

◆知の停滞、陳腐化してきた常識に刺激を与える発信

イノベーションセンターから、環境変化に付いていけない部門に思いがけない情報を提供して、彼らの固まった常識に揺らぎをつくる。また部門内部の勇気ある者が、非常識とも思えるユニークな論理を提案して批難に晒されているとき、孤立したクリエーターを応援して、守旧的組織に刺激を与える。ある部門の決断が常識レベルの安易な拙速に陥る恐れのあるときは、積極的に介入して発散を促す。逆に発散状態からいつまでも結論を出せないときは、一旦その時点で議論を収束させ、次の発散の方向性を探るよう促す。

◆優先順位とストーリーの作成を促す発信

各部門の現状と将来に対して何が大切かの議論を促す。抱えている多くのテーマの優先順位を求め、それが事業戦略上のストーリーにどのような意義をもって関わるのか論議させる。

◆情報の集積、分類、活用策をベースに情報の全方位への発信

イノベーションセンターの機能として、経営の参謀的役割や、各部門のイノベーション推進・支援のために情報発信していくことは当然の流れとしても、時には開発や営業、生産のサポートとして、社外へ活動の場を拡げることもあり得る。技術、学術、経営に関する知識の集積と活用ノウハウによって、社外へ情報発信する社内拠点としての信頼を高めていく。何かに気付けばどこへでも飛んで行って話し合い、また知を求めていろんな人が訪ねてくる。まさに「イノベーションセンター」はイノベーション情報のハブ空港のイ

メージで、そこには人と情報が間断なく飛び込んできて、人は情報とエネルギーを積み込んで飛び立っていく。

⑵ イノベーションセンターの運営指針

①イノベーションセンターの価値基準を示す

イノベーション基地としての価値基準をまずは示し、イノベーションの経営戦略上の意義を鮮明にする。センターのメンバーは勿論、関連する人たちにイノベーション思考の基本のところでベクトルを合わせてもらいたいからだ。そのことで互いの思考や議論がかみ合い、創造性が効果的、効率的に発揮されると考える。

イノベーションセンターが大切に考える価値とは、「経営資源に関わる制約要素と自由度を見極めながら、現在と将来における技術的特殊性と優位性、ビジネス展開力の独自性とストーリー性を発揮して、持続的に事業革新を果たすこと」だと考える。

抽象的なレベルであっても全社的にこのイノベーションの価値基準に共感し、共有することがまずは大切なことだ。そしてアイディアやテーマの評価に当たっては、この共通の価値基準に照らして話し合う。そのことによって具体的な理解が深まり納得度は高まっていく。こうして共通の価値基準の現実的意味を深めていくと、アイディア提案者の偏った思い込みや学界、業界、市場、マスコミ等への過剰適応を、一旦棄却することができる。テーマ開発のプロセス

において も、常に事業革新の目的や理念に立ち戻る冷静な視点が与えられる。こうしてイノベーションセンターは自らの価値基準を率先して体現することによって、社員のイノベーション思考に座標軸を与えることになる。

②共感・納得・共有を大切にして民主的に運営する

イノベーションセンターはトップダウンとボトムアップの交差点に位置して、双方からの方針、アイディア、情報が集まってくる。それらを目的にそって調整し、自らもイノベーションのアイディアを提案しながら、全社的観点からイノベーションの方策をまとめ上げていく。そこに共感、納得、共有を大切にしたプロセスを組み入れていく。現場の創造性を高め、イノベーション文化を定着させるためには、多様性を認め合い、衆知を集め、議論を尽くして方向を見出していくという、民主的な運営を模索していくしかないであろう。独裁的な運営ではメンバー一人ひとりの多様な発想を封じ込めてしまい、早い時点で創造性を失ってしまう。

イノベーションセンターは重要な専門領域をカバーできる少数精鋭の専任メンバーで構成されるが、技術の進歩、知識の多様化に備えて、またセンター活動全般に対する客観的視点を加えるためにも、各方面のプロフェッショナルが定常の機能組織に所属したまま適宜集まって、「〜委員会」といった部会をいくつか編成し、サポート体制を整える。

③率直な問いかけと、誠実な返答の文化醸成のルールをつくる

少なくともイノベーションに関わる人は、「疑問があれば率直にたずね、問いかけられれば誠実に答える」という「ルール」を共有することはとても大切だと考える。課題の原因や本質が見えていないのに質問がない、また問われているのに黙ってしまうのでは、とてもクリエーターとはいえない。問題点について議論しているとき、「なぜ」を五回言えずとも三回投げかけることができる人も稀なように感じる。また三回の「なぜ」にしっかり答えている人もほとんど見られない。このような状況の中で、この問答のルールが定着すると、質問力が磨かれるとともに的確に返答するためにも聴く力がついてくる。不明なことをたずね、必ず何らかの考えを返すことを繰り返していると、自問自答で思考が拡がる。

質問も返答も必ずその場でと言っているわけではない。知識が十分でなかったり、その場ではうまく表現できないこともある。そんな時は後で時間をかけて考えたり調べたり、仲間と議論したりする時間を取って、後日返答することを認め合えばよいのである。現場感覚もなく即座に批難するような質問を投げかけたり、即答しなければとある種の強迫観念にかられて、ただ自説を繰り返すのでは問題の本質に迫ることはできない。即問即答がいいのだという価値観にとらわれる必要もないし、相手が即問即答を求めていると勝手に推量しても意味はない。感情的にならず、殻にこもらず、互いに疑問点や確認したいことを率直に問いかけ、それにじっくり時間をかけてでも誠実に応える組織文化が醸成されると、素晴らしい創造的な組織になっているといえるだろう。

「問題の本質を求める率直な問いかけ」と「誠実な返答」によって巻き起こる議論を、組織の目的に向かって導いていくのも、イノベーションセンターの大事な役割になる。

④イノベーションセンター運営のチェックポイントを明確にする

イノベーションセンターが、事業革新を目指した経営スタッフ機能を果たしているかどうかを、まずは自らシステム運営の現実を直視し、さらに外のメンバーにも参加してもらって、現状の課題と将来へのありようを話し合うことは大事なことである。次にシステム運営の現状解析と修正を行う上で、参考になるチェックポイントのいくつかを取り上げる。

■経営中枢とのコミュニケーションに行き違いはなく、連携しサポートし合う関係が築かれているか。各部門の現場リーダーとのコミュニケーションは定期的になされているか。彼らと緊密に知恵を出し合う関係でありながらも、互いに精一杯を尽くさなければ信頼関係を保つことは難しいという適度な緊張感を大切にしているか。

■イノベーションセンター内部で固まるのではなく、人と情報のハブ機能をもった知識・行動・エネルギーの基地になっているか。フォーマルな「〜委員会」といった部会と、不特定の参加者が集まる場を意識的に企画しているか。また情熱的な突破力の知恵の集まりと、逆に冷静な判断力の知恵の集まり、そして両者のミックスの場をうまく使い分けているか。

■社内の権力闘争や個人的利害関係に巻き込まれ、惑わされていないか。イノベーションセンターは特殊な情報を独占的にもつことから、権力の恣意的な力に引きずられることが懸念される。あくまでもセンターのあるべき姿、ありたい姿を求め、忍耐強く組織をコントロールすることを考える。またセンター自体の運営状況を評価し、話し合う委員会を設置するなどして客観的な視点を加える。

■イノベーションセンターは研究開発の仕組み、物事を決定する経営メカニズムをPDCAサイクルに沿って分析しているか。既存事業や開発プロジェクトなどの成功と失敗の原因分析と、その決定的な要素である経営決断は、どのようなメカニズムによってなされたかを分析する。「成功は偶然の産物だが、失敗は同じことをすれば繰り返す」と言われている。成功のおごり、失敗の原因とトラウマといったところをしっかり見つめておきたい。

リーダーが自分の組織の見直しを自律的に行うことは難しいが、大切だと思うキーワードをもっていると、無意識でいるリーダーに較べると格段に優れたリーダーシップが発揮できる。『日経ビジネス』（2014年9月8日号）特集「敗軍の法則：なぜ、リーダーは失敗を繰り返すのか」の中に、五つの法則、「暴走」「執着」「隠蔽」「忘却」「慢心」が示されている。

少なくとも一年に一回は組織運営のあり方を見直す場を作り、この一年間の活動環境はどう変わったか、次の一年はどうするかと、関係者と大いに議論してもらいたいと思う。

⑶ アイディアから事業革新へのプロセスにおける課題と対策

研究開発部門、生産部門、営業現場を含む事業部門から発想されたイノベーションのアイディアは、各部門のイノベーションを推進する「テーマ開発チーム」を中心に、対応していくことになります。

「テーマ開発チーム」の重要な役割は、所属部門のイノベーションテーマを発掘し育てること、そしてメンバーの創造性を刺激し組織にイノベーション文化を醸成することです。その施策の一環としてイベントを企画し推進します。例えば、多くの企業で長年実施されていることですが、定期的な公募による「テーマ提案制」やテーマ開発上次のステップになる「テーマ開発推進プロジェクト」など、独自のやり方を工夫して企画します。

ここで「テーマ提案制」と「テーマ開発推進プロジェクト」についてもう少し考えてみましょう。これらの趣旨をもった施策は多くの企業で以前から実施されてきていますが、期待する効果が得られていない場合も多いようです。そこでその要因も取り上げながら運営上のポイントについて考えていきます。

①「テーマ提案制」の運営を考える

種々の研究所、事業部門、生産関連部門、経営スタッフ部門において、それぞれの特殊性を工夫した「テーマ提案制」に相当する制度をもっており、公募して多様なアイディアをくみ上げている。

この「テーマ提案制」を組織の定期的なイベントとして効果的に運営するためには、メンバーからの信頼を得る必要がある。審査の透明性、審査後の丁寧なフォローも大切なポイントである。どの分野のテーマ評価にも共通する概念は「イノベーションセンター」の価値基準と同じで、先にも述べた「経営資源に関わる制約要素と自由度を見極めながら、現在と将来における技術的特殊性と優位性、ビジネス展開力の独自性とストーリー性を発揮して持続的に事業革新を果たすこと」である。この評価基準を共有し、一つひとつのアイディアやテーマについて誠実に議論し検討して、審査結果を出していく。

何度かの審査を経て選抜されたテーマは、次の「テーマ開発推進プロジェクト」に進む。不採用テーマは提案者に審査過程を説明し、今後の課題について話し合い、信頼関係を保ちながら次の提案に繋げていく。

毎年の行事として繰り返しシステムの運営方法も工夫を重ねていくと、参加者も増え、情報、知識の量的・質的レベルも上がり、組織が期待する方向性とメンバー一人ひとりの視点の多様性が、矛盾なく具体的な形になって出るようになる。またテーマを模索する過程でメンバー相互の情報交換、連携も生まれ、困難な課題にも挑戦しようと、精神性にも変化が現れてくる。しかし多くの企業での現実は、テーマ提案制度に工夫と進化がなく形骸化していて、多様なアイディアをシステムで受け止め、事業的視点で支援をしながら育てていこうとする機能が発揮できていないとよく耳にする。

ここで「テーマ提案制」がうまく機能していない場合の要因を考えてみたい。この有意義なシステムを有効に機能させるためには、考慮すべき点を認識し克服する策を考えることが求められる。そこで「テーマ提案制」を運営していく上での四つの問題点を取り上げ、一般的な対策を提案する。

◆個々の競争意識だけが激しくなり組織内協働の文化が阻害される

個々の提案が競争化する状況が出てくるが、そのこと自体は当然のことで、個々の知識と創造力が高まり提案レベルが向上する動機付けになる。ただ組織のトップが過度に競争をあおると競争心のネガティブな面が強調され、一人ひとりが孤立し協働の文化が阻害される。またそれはテーマ提案制に乗れない人たちの格好の反発要因に利用され、抵抗メンバーの潜在的な警戒感、不安感、不信感、危機感などが顕在化して、創造的な発想をもつ出る杭がたたかれ、潰されることにつながる。

テーマ提案制のネガティブな側面を払拭するためには、テーマの評価基準の共有、そして審査の透明性が大切になる。審査プロセスの説得力、納得性を示すことである。その結果散発的な単なる思いつきのテーマ提案は排除され、競争意識だけでは成り立たない知識と創造的な発想の世界であることが浸透していく。

◆日常の職務を軽視し始める

現実の職務をないがしろにして、テーマ提案を最優先に走り出す者が出てくる。リーダーにとっては難しい問題で、研究所などで話題になる「ヤミ研究」と同様に、本人の両立意識の程度と成果の評価など、状況をよく把握して判断することになる。

事業の将来を考えたユニークなアイディア創出に夢中になっている者であれば、はっきりと現在の職務からはずし、創造的発想をフルに発揮できる部署に移動させる。

◆ユニークなアイディアも組織のバックアップがなければ潰れてしまう

　素質のよいアイディアであっても、提案者が孤立していて論理的、事業戦略的な肉付けができないと、ユニークであるが故にそこをたたかれ潰れていく。それを防ぐには「テーマ開発チーム」といった組織の事業革新支援システムとの連携、協働が初期の段階から大切になってくる。そこで提案者はアイディアを見直し、「直感」「論理性」「事業性」を統合して思考を発展させていく。研究所などでよくある失敗は、アイディアの段階でいきなり利益性を追求され、新市場開拓製品であれば現在の想定市場は小さすぎて潰れ、大きく想定しても論理性に乏しく潰れていく。

「テーマ提案制」があっても組織のバックアップ体制がなければ、創造性のレベルは上がらないし、制度だけを長く続けても組織のイノベーション文化を育てることはできない。

◆事業革新、現状変革への抵抗意識の顕在化とその対策

　事業革新によって必然的に一人ひとりの自己変革が求められる。特に現状を居心地よく思っている者にとって、現状変革は死活問題と感じてしまう。その状況で「テーマ提案制」を企画・推進して、広く革新的な発想を募り、事業革新を推進しようとするとき、どのような抵抗があるだろうか。次のような二つの抵抗パターンが考えられる。事前に対策を準備することが求められる。一つには一般社員の暗黙の抵抗である。社員の中には少数の創発型と、多くの実務型と中間型がいて、テーマ提案制は創発型社員に光があたる。中間型には動機付けによって創発型への進化は可能かも知れない。しかし実務型は横目で見

ているが参画意欲は示さない。最悪の場合は、彼らが不安感をつのらせ、「攻め」の方策には無関心、非協働、さらには定常業務への意欲減退をきたすことだ。ある者は自己防御の硬い殻に閉じこもり、ある者は変革に抵抗する幹部にすり寄っていく。

リーダーは実務型社員の誠実な貢献を、常に念頭に置いていることを日常的に伝える。また、ある程度進展してきたテーマ開発プロジェクトに、実務力を活かす形で参画させるなど、人事マネジメント上の配慮で「出る杭を支え伸ばす」ことの喜びを体験させ、新しいやりがいを実感させる。

二つ目は中間幹部職に顕在化する抵抗である。中間幹部職にはリーダーシップ型、マネジメント型、中間型があり、「テーマ提案制」は中間幹部職の特性・力量が次の三つの点から試されることになる。

- テーマ評価力で、事業に対する日頃の情報集積と論理的思考力が試される。
- 素質のよいテーマを支援し育てる力量が問われる。
- 自らどのようなテーマを提案できるか、創造力が問われる。

「テーマ提案制」が組織の重要なイベントとして展開されるとき、現状を放置していると、この厳しい現実を気配で察知し能力的あるいは性格的に乗っていけない幹部職が抵抗勢力になる。リーダーシップ型ではこの三つの項目を乗り越えやすいが、マネジメント型、中間型の幹部職は情報集積力と創造性に苦手意識があり、抵抗勢力化するリスクが出てくる。彼らに対する働きかけ方としては、彼らの得意とするマネジメント力を発揮して、イノベーション支援に貢献することを促す。彼らが抵抗勢力にならずに、事業革新を支援し、得意のマネジメントで積極的に貢献することができれば、創造的な組織の実現に極めて重要な要素になる。

②「テーマ開発推進プロジェクト」の運営を考える

提案されたテーマが審査され選抜されると、次は事業の観点から課題を明確にして調査を重ね、情報の「収束」と「発散」を繰り返して、事業革新を目指したコンセプトをまとめる。事業構想に仕上げていくためのいくつかの課題を取り上げ、その解決シナリオを作成し、検証のための試行の段階に入っていく。この一連のプロセスに対して、テーマ開発チームは事務局的役割を担う。テーマの事業化に向かうコンセプトがまとまった段階で、テーマごとの「テーマ開発推進プロジェクト」が企画され、最初は少数の専任メンバーによるプロジェクトチームが編成される。

事業化に向けて数度の審査を受け難関をくぐり抜けて初めて、新製品開発のテーマであれば最初の市場評価用の試作品作製に入る。この段階は新製品開発における「死の谷」といわれ、予測できない挫折の危険性が待ち受けている。一般的には試作品作製に入る段階で「製品開発プロジェクト」といった、規模を大きくしたプロジェクトが編成され自立していく。メンバーも基礎研究型人材から開発型人材に置き換わり「死の谷」に挑戦していく。

また生産革新のテーマであれば、小規模のパイロットプラントを整備し運転を試みる。事業モデル革新のテーマであれば、限定した市場を設定して新しいコンセプトの市場調査に入っていく。この段階になるとイノベーション推進の事務局的役割も、「テーマ開発チーム」から経営スタッフの「イノベーションセンター」に移行する。

いずれの場合もパイロットテストをクリアすると、いよいよ最終的な事業コンセプトを掲げて事業化に突き進んでいく。新しい事業として市場に出ていくと、そこには「ダーウィンの海」といわれる適者生存の大海原が待ち構えているが、そこは事業開発部、あるいは事業部の突破力に期待することになる。「イノベーションセンター」の手を離れるときは、成功裏に事業化に進んだ場合も、失敗やペンディングの場合も、共にそのときのテーマの特性とテーマ開発の運営上の特性を評価し、記録に残す。

第五章

中堅リーダーの統率力

リーダーには組織の目的、目標に向かってメンバーを率いていく力量が求められます。このリーダーの統率力には二つのパターン「指揮型統率力」と「合意形成型統率力」があります。それぞれの特徴を見ていきましょう。

①指揮型統率力

指揮型のリーダーは組織の課題発見、課題解決の専門的知識とセンスをもち、自らプロジェクトの先頭に立ってメンバーを指揮し、目標を掲げゴールに向かって力強く歩みを進めていく。メンバーはリーダーの指揮権を認め、その見返りとして、自分たちの生き残りや自己実現の願いをかなえてくれると期待する。

指揮型の統率力はリーダーの意図が明解で、リーダー自身の知力、行動力から課題解決のシナリオが描かれているため、メンバーもリーダーの掲げる目標を納得し共有しやすい特徴がある。ただしその前提として、リーダー自身がメンバーの信頼を得るに充分な現場感覚をもち、その上で現実の課題を突破する革新的な発想を示す必要がある。この状況が整いチームの気力が充実したとき、ベクトルをそろえた強いチーム力で目の前の課題を俊敏に解決し、短期的に成果を上げ突破力を発揮する。

指揮型リーダーの下では、メンバーの中にまだ自律できていない者が一部混在していても、チーム力が崩れるということはない。彼らはそれぞれのスキルを発揮して、リーダーの指示通りに努力を重ねることでチームに貢献できる。

多くの場合、経営中枢からもメンバーからもカリスマ的リーダーを待望する声が上がり、リーダーシップにおける統率力といえば、一般的にはこの強力な指揮型をイメージすると思う。しかし事業環境が激しく変化する中で、カリスマリーダーの論理と状況判断力が通用しなくなると、経験と勘に頼った決断だけが表面化する。負の側面が強調されてくると、メンバーがカリスマリーダーに委任した指揮権を認めない状況が生じ、放置すれば組織は崩壊する。経営は時に応じて最適人材を抜擢しなければならない現実がある。同一人物に長期間のカリスマ独裁型の統率力を期待することは、ほとんど不可能だからだ。

②合意形成型統率力

合意形成型のリーダーには次の二つのパターンがあると考えられる。

◆経営的バランス型リーダーシップ

経営的バランス型リーダーは生産、営業、研究開発、経営企画、人事行政、財務管理といった経営全体を見渡せる知識といくつかの経験があって、これらの知識を活用した総合力を特徴とする行動パターンをもつ。経営的センスと広い視野で専門力をもつメンバーの能力を引き出し、メンバーの合意を形成しながら組織を効果的な事業活動へと調整し導いていく。

◆ファシリテーション型リーダーシップ

事業の先行きが混沌とした状況になってきて、現在の知識、技術では対応できなくなってきている場合に力を発揮するタイプである。ファシリテーション型統率力が特に有効に機能するのは、既存の枠や常識にとらわれない各メンバーのユニークな発想を、課題発見、課題解決のコンセプトに収束させ、さらに納得できるところまで発散と収束を繰り返す作業を導くところである。聴く力、質問力、そしてファシリテーション能力が大切な要素になる。

イノベーションには本来ヒト、モノ、カネ、情報といった経営資源とともに時間も必要になる。これまでにはない発想をしようとすると、新たな知識・技術の習得、そして応用力をつけるための試行錯誤の過程が必要になってくる。偶然を引き寄せる時間も必要になるかも知れない。このファシリテーション型の統率パターンの問題点は、混迷する実態を把握できていない経営トップからみると、スピード感に乏しいと敬遠されることだ。また成果が停滞してくると、自律できていないメンバーや、創造的な発想を苦手としているメンバーからの抵抗がたちまち顕在化して、チームワークに破綻の危機が迫る。ファシリテーション型リーダーが充分に個性を発揮し成果を上げるためには、少なくとも経営トップの理解が必須要件になる。

合意形成型リーダーの下では、メンバーは個々に専門的な力量と自律性が期待される。メンバーには、新しい技術や、事業モデルのイノベーションを導く仕組み作りなど、それぞれの得意領域での自律と異質領域との協働によって、既存の価値観を打ち破る発想が求められる。この合意形成タイプのリスクは、目標達成に向けて期待される人材がそろわないときである。

合意形成型リーダー自身もやはり、革新的なアイディアを発想する力量が求められる。理想的なチーム作りがなかなか難しい現実を考えると、経営的バランス感覚やメンバーの創造力を引き出すことだけでは行き詰まると、覚悟しなければならない。第三章を参考にして、自らイノベーションプランを発想し、メンバーにアイディアを投げかけて刺激を与え、彼らの反応、反論を引き出していくといった、メンバーとのアイディアのキャッチボールができるところまで自己啓発してもらいたい。

中堅リーダーは事業経営の中枢と事業現場の中間に位置して、経営事情の変化と市場の変化を敏感に受け止めています。そして事業にとって順調な時期も危機的な時期も、経営中枢に先んじて動き始め、対処すべき方策を小規模レベルで試行錯誤することになります。さらに中長期的課題に継続的に取り組みながらも、頻繁に浮上する緊急課題に優先的に取り組むという、難しい選択の日々を送っています。

現実に中堅リーダーが期待されている役割を見ると、「指揮型」と「合意形成型」の両パターンの統率力を、時々の組織環境に応じて比重を変えながら、両立させることが求められていると理解していなければなりません。本来異なるセンスが要求されるものだけに、得手、不得手があるのは当然です。そこは状況をよく把握し意識して、上司やメンバーの助けも借りながら、得意部分を伸ばし苦手な部分を克服していきます。

いずれの統率力パターンにおいても、基本になる共通の要素があります。ここで統率力の原動力になっていると考えられる三つの要素、「人を巻き込む吸引力」「勝ちを予見させてくれる勢い」「現場対応力」を取り上げ、これらの意味するところを丁寧に見ていきたいと考えます。

1 人を巻き込む吸引力

中堅リーダーは組織に次々と降りかかってくる困難な状況に立ち向かい、課題解決の実践を通じて現状を前に動かしていかなければなりません。そのために多様な人材を集め、異質な能力をもつメンバー一人ひとりの特性を活かして役割を分担し、かつ協働を引き出していきます。チーム力を効果的に機能させる過程では、メンバーの心をつかみ、メンバーを巻き込む吸引力を発揮します。また直接的なチームメンバーだけではなく、組織外の人たちも含めて多くの人たちを巻き込む力が、大きな成果を生む原動力になっていきます。

近い人たちだけでなく、離れたところの人たちにも、あのリーダーとなら一緒に仕事がしたい、付いていきたいと思わせる吸引力とは、どのような要素に基づくのでしょうか。ここでこの吸引力になると思われる五つの要素について考えていきましょう。

(1) 聴く心と寄りそう心

リーダーとして明るく楽観的で活動的、そして仕事が好きだというキャラクターはとても大切です。おおらかさは弱者や迷える者の救いになります。自分の主張を抑えてでもまずは相手の話をよく聴くことです。一人ひとりの存在意義を認め大切に思う心が、人の口を滑らかにします。仕事上の壁に突き当たっている人、悩み事を抱えている人に、「いつでもいっしょに考えよう」という思いが伝われば本心で語り合えるでしょう。細やかな気付きをもっていても、その声が小さく誰にも届かない人もいます。リーダーは彼らの細い声にも注意深く耳を傾けることで、心が伝わり信頼感が芽生えます。

ある企業の新入社員研修に参加したとき、5年程度の先輩社員が新人に心得などを語っているところに入れてもらいました。先輩社員が「分からないことは何でも、誰にでも聞いてください。必ずそのことに詳しい人からしっかり教えてもらえますから。私たちも先輩たちからそうして教えてもらってきたんです」と。きっとかつての小さな心遣いの交流が、組織文化にまで拡がっていったのだろうと思いました。

⑵ たずねる心と率直な話し合い

大事な課題を抱えたときは、まず関連する人たちに会って話をする、会いたい人を見つけて会いに行く、そして率直に本気で話し合うことです。他との関係はたずねることから始まります。私たちは往々にして相手への気遣いのつもりで、相手の思いを過去の言動やそのときの空気から勝手に推測してしまいがちです。しかし相手のことを本当に尊重し、また関心をもっているのであれば、気になること、たずねてみたいことは率直に問いかけるべきです。何となく自信がなく言葉数の少ない者も、リーダーから声をかけられたことがキッカケになって、心を開き語り始めることがあります。

職場によってはたずねあう習慣に乏しく、互いに立ち入ることを躊躇している場面に出会います。このような文化で育つとたずねることの大切さに気付かず、またたずねられても的確な返答ができません。これでは物事の本質を突き詰めていく率直な話し合いの場をつくることなど不可能です。ではこの沈滞状況を打開するにはどうすればよいでしょうか。

まずは自分を変えることから始めます。例えば自分の中に他者をおき、互いにたずね答えることを繰り返します。自分が発した自分への問いかけの答えに窮し、急いで資料を調べ直したりして結構おもしろがってやれるものです。組織のレベルでも、タイムリーな現場情報などを題材にして担当者に周囲の者がどんどん問いかけ、何が起こっているのか、何が問題なのか、どう対処したのか、どのような応援が有効なのかなど、気楽な雰囲気の中で活発に話し合いを盛り上げていくことも有効な手段です。こうした学びが自分を変え、他との共感が芽生えます。

リーダーが課題解決の進捗状況や市場の変化などを本気で知ろうとすれば、緊張感は違ってきます。リーダーは担当者や関係者に直接たずね、率直な話し合いになるでしょう。知りたい情報をメンバーからの報告書だけに頼ることや、昔からよくいわれる「報・連・相」が担当者から上がってくるのを、ただじりじりと待つことなどはあり得ません。

組織は各人の本音が衝突しあい、その集合体で機能しています。本音が出ない、互いにけん制し遠慮しあって他の領域に入っていって議論ができないとすれば、とてもイノベーション発想を期待することなどできません。

リーダーは職場での活発な議論の状況を見ながら、そこにある種の「緊張感」と「ほっとさせるところ」の両方を使い分ける知恵をもつことが大切です。緊張感を与えるには、議論が常識的な方向に傾いたとき、意表を突くその場での非常識を投げかけます。それが課題解決の施策として合理的かどうかと視点を変えて改めて議論することになります。またある原則に基づいて解決策が安易な決着で収まる流れになれば、その原則における落とし穴への配慮をどうするかと、新たな課題を投げかける役割を演じます。また「ほっとさせる」方策の一つは、リーダーが心理学でいう「負け知恵を絞るでしょう。

犬効果」を活用して自分の弱みを見せます。メンバーはそれぞれに自分たちが何とかしなくてはと

⑶ ほめる、そして適正な役割を与える

自分なりに工夫して、よかれと思って活動していることでも、本当にこれでよいのだろうかと自信がゆらぐことがあります。周囲の「だめだめ！」とけなす声は大きい一方で、賛同してくれる声は小さく、ほとんどかき消されているのが常だからです。そのようなときリーダーから「それはおもしろい。いいね」と声がかかれば、迷いを払拭し自信をもって挑戦していけます。そうなればまたアドバイスを求めにやってきます。このような状況はメンバー一人ひとりにとって、リーダーはよく見てくれている、そして努力していれば必ず味方になってくれるという証になります。

リーダーにとってメンバーの創意と努力を自分の目で確かめ、認め、ほめる行為と、そのタイミングを図る感性は大切な要素です。ただこの心遣いがすぐに反映してメンバーの行動に変化が現れるとは限りません。しかし上司からほめられれば確実に心は高揚します。そしてほめられた創意と努力は、生理学的に証明されていることですが自然に繰り返します。その人の心の中に必ずしみ込んでいて、その習慣が実務経験を重ねる中で自信となり、どことなく突き抜けた雰囲気をもつ存在になっていきます。じっと見守りましょう。

メンバー一人ひとりの存在意義を認め、彼らの努力に寄り添いながらチームの成果を上げよう

としても、能力や性格などが期待される役割に適性を欠くケースが出てきます。リーダーは事業全体、企業全体を見渡しながら、一人ひとりの適正な役割を改めて探します。映画や演劇などのプロデューサー的センスで、人を配置し活かし育て成果を上げることを考えます。その結果、感謝され頼りにされて人が集まってきます。

人はみな必ずしもヒーロー、ヒロインになろうとは思っていません。自分の役割、立ち位置は自ずと理解していて、そこで自分を精一杯表現できることを願っています。リーダーはそれぞれに適した役割を与え、目的と達成シナリオを共有した上で、思い切ってまかせる度量をもつことが大切です。

組織の明るさ、活力、創造性、チームワークの高まりは、メンバー一人ひとりの気持ちの高ぶりの総量で感じ取ることができるでしょう。「ほめるセンス」「プロデューサー的センス」をもつリーダーにはどこか余裕を感じます。

(4) ビジョンを語り魅力的な新局面の創出に共鳴し合う

企業社会への関心はもとより、歴史や心理学、人生論、宗教といった心の問題など、人間に関することへの興味をもつことで、人間としての幅が拡がります。思いがけなく精神的な課題に気付かせてくれ、前向きな刺激を与えてくれるリーダー、またビジネス展開の視野を拡げ、考える力を与えてくれるリーダーに、人は心を開いて集まってきます。そこでより具体的に、理念、使命感、目的に挑戦する意欲をもち、自己実現を求める、いわゆるやる気のある者を巻き込む要件とは何でしょうか。リーダーにはどのような力量が求められるでしょうか。次の二つのポイントについて考えていきます。

◆ビジョンを語る

リーダーが日常活動に埋没することなく、その先に見ようとするビジョンを示すことはメンバーに大きな力を与える。人は誰も将来に不安を感じていて、懸命の努力を重ねていてもその先はあまりに不確実、不透明であることを知っている。心のバランスを保つためにも、リーダーには「今の努力には意味があること」「試行錯誤しながらも歩みは堅実に進んでいること」の言質を求めている。リーダーが本気度を込めてビジョンを繰り返し語り、目的とするゴールへのストーリーを信念をもって語ることによって、それに共鳴する者が集まってくる。

やる気のある者は思いが強いだけに、違和感のあることに簡単に納得することはない。しかし日常は共感できないことがあまりにも多く、現実には妥協もしてきている。この抑圧された気分を払拭するためにも共鳴できる場を渇望しているはずだ。リーダーが熱く語るビジョンに共感できれば、そこに自己を発揮できる魅力ある場を感じ取り、磁力に引き寄せられるように志のある人材が集まってくる。

◆魅力的な新局面の創出を語り合い共鳴する

現状を打開し魅力的な新局面を創出したいと考えている者は、自分のアイディアを聞いてほしい、共通の話題で語り合い共鳴したい、切磋琢磨してレベルを高めたい、アイディアの実現に向けて協働したい、という欲求をもっている。リーダーが彼らの欲求を満たす行動をとることができれば、彼らは現状変革のアイディアをもって集まってくる。

このような状況を作り出すリーダーのありようとはどのようなものでしょうか。チームのメンバーや関連する人たちの意見やアイディアを聞くだけでは不十分で、彼らの思考に何らかの刺激を与えることが必要です。議論を巻き起こすだけの力のあるアドバイスや課題を投げかけることが大切で、必ずしも論理的に整理された問題提起やテーマ提案をするということではありません。むしろ異次元の発想を提示して驚きを呼び起こし、それが感動となって心が動かされ、分析、解析の幅を拡げ、深く掘り下げるキッカケを与えます。活力がみなぎるチームのありようは、その状況に関心をもつ人たちにとって、とても魅力的な要素です。

アップル社のスティーブ・ジョブズは、激しいリーダーシップによって有能な社員の創造力をフル回転させていたことで有名です。彼の真髄の一つである「目的のためには現実をねじ曲げてでも不可能を可能にする不屈の意志」は、カリスマ的物言いを含めて「現実歪曲フィールド」と言われます。静かになりかけた湖に剣を投げ込んで嵐を呼び起こすようなイメージでしょうか。短絡的にまねることではありませんが、誰も考えないような発想でイノベーションを果たしてきたことを考えると、高揚してくる何かを感じます。このような展開もありうることを知っていると、困難に挑戦するときの思考の幅が拡がる気がします。現実もまた変化していくことを念頭に物事の先を考える視点を教えてくれます。

(5) 率先垂範

リーダーの率先垂範といえば、「桶狭間の戦い」で先駆けた織田信長が頭に浮かびます。ビジネス世界でもリーダーの率先垂範が統率力、とりわけ人を巻き込む力になっていることを二つの視点で見ていきましょう。

◆論理的に判断して突撃目標を定めても、将来の想定外の出来事への不安は残る。その状況でリーダーが真っ先に一歩踏み出す行動は、その先の懸念をすべてのみ込んで決断した、即ち心が決まったということで、行動に伴う結果責任をリーダー自身がすべて負う覚悟を示したことを意味する。メンバーはリーダーの後を追って結集し、躊躇なく目的に向かって精一杯を尽くすことになる。

◆混沌の中で論理的に詰めようがなく突撃する方向が分からない場合、まずは課題の実体を把握しなければならない。リーダーは暗闇の中に小さな入口を決めて、まずは率先して小さく飛び込んでいく。その結果混沌の分析が可能となり、局面打開の進め方を共有することになる。こうしてメンバーは、チームの先端に突出したリーダーの姿を追って陣形を整え、未知の領域に挑戦していくことになる。

リーダーが人を導こうとするとき、あるいは人が集まるキッカケを作ろうとするとき、こまごまとした解説的な言葉よりも、その態度に説得力がみなぎることがあります。

2 勝ちを予見させてくれる勢い

チームは目的を達成するために作られています。リーダーは目的達成の意義を繰り返し語り、メンバーとまずは共感し合うことが前提になります。次に成果を上げる仕組みを作り、ゴールへ向かうシナリオを準備します。プロジェクトチームであれば、目的にそって人材を集め、またリーダーが掲げる基本的な考え方に賛同してくれる人たちに集まってもらいます。活力を発散しているチームでは、リーダーに戦いに勝とうという執念が満ちていて、メンバーもチームの戦略、戦術を共有し、それぞれに創意と努力を傾注して成果を上げ、達成感と高揚感をもちたいと考えています。ビジョンと戦略ストーリー、仕組みと連帯、精神的高揚と規律をもった勢いのあるチームがあれば、自分も仲間に入りたいと思います。このリーダー、このチームと一緒なら勝ち運に乗って生き残れそう、自己発現の場もありそう、キャリアアップもできるに違いないと思うでしょう。リーダーの統率力の大切な要素は、周囲の人たちから「勝ちを予見させてくれる勢い」をもつと思われるチームを作り上げることです。

勢いのあるチームを統率していくには、精神的な側面と、組織の仕組みや戦略、構成メンバーの人選といった実務的な側面との両立が必須条件です。志から発した意識がその目的を実現する仕組みを生み、目的にそった仕組みから目指す方向への意識が生まれるといった流れで、両者は相互に影響しながらゴールに向かって上昇していきます。そこで次にリーダーが勝ちを予見させる空気を生み出す、「精神的な側面」と、「組織と人の側面」について考えていきたいと思います。

(1) 勝つことへの意欲と意志の共有

中堅リーダーはプレイングマネジャーとして自ら現場に立ち、難関に挑み突破していきます。また同時に一段高い所に立って全体を見渡し、チームの位置と方向を確認します。現場に立つ前の準備をメンバーと協働しているときも、行動の結果を検討する場でも、戦いに勝つ意欲と戦略を繰り返し確認し合います。また交渉や折衝の現場ではリーダーはメンバーに背中で語ります。こうしてリーダーの意志はメンバーに伝わり、メンバーも思いを語り、話し合いを繰り返しながら勝つことへの共感が拡がり、理解の深まりに伴って勝つことの意義を共有することになります。

またリーダーは、戦いに勝つ意志を反映させた具体的な形を、メンバーに見せることも必要です。例えば、事業モデルの変更、チーム編成の変更、人事異動を含む役割分担の変更などが考えられます。リーダーはこの変化の効果を見守り、支援し、メンバーと検証していくことによって、厳しい戦いに勝つための一体感が醸成されていきます。

リーダーシップの起点となる精神、とりわけ「共感」の大切さについては、第六章**1**「次世代リーダーの育成」の項で考察します。

(2) 勝つための「組織構造」「チーム編成」「チーム運営力」の三位一体

事業目的にそって組織は作られ、チームが編成され、チームリーダーは目的のゴールを目指して、最善のチーム運営力を発揮することになります。そこで大切なことは、環境変化に対応しながら、三者のあり方を柔軟に変えていかなければならないということです。

それぞれに大きなテーマですが、ここでは私なりに日頃考えていることを簡略に述べてみたいと思います。

①組織構造

組織構造の基本は伝統的な縦割りの階層構造をもつ機能組織である。安定した組織構造として多くの優れた点があり、ほとんどすべての企業はこの機能組織構造を採用している。この仕組みの特徴は経営活動全体を機能組織が分担して受けもち、明確な責任体制の下でそれぞれの役割を果たすことによって、企業経営を効率よく、もれなく、堅実に実施できるところである。また各機能組織の中で経験や専門的な知識・技術が蓄積され、改善・改革の源流になっていく。そして長期的視野に立って人材育成が図られる。

一方で機能組織の運営上の限界もある。思考が硬直化しやすい、横との連携に乏しい、部分最適思考が優先され全体最適思考が抑圧されやすい。また承認までの関門が多いために俊敏な展開が難しいだけでなく、各承認ステップでの責任もあいまいになり、往々にして無責任体質が生じることになる。どうしても過去の成功体験に引きずられやすく、環境変化を見抜く感性が鈍くなりがちで、社会変化を素早く取り込んだ革新的事業モデルへの転換が難しい。

　では機能組織の長所を活かしながら、スピード感、革新性を追求できる組織とはどのようなものだろうか。一般的には、通常の機能組織運営の欠陥を補う意味で、緊急性や重要性に観点を絞った課題解決プロジェクトチームが編成されている。関連する各機能組織からその領域のプロフェッショナルが集まり、期間限定でプロジェクト業務に専念する。この場合は先行して明確なテーマがあり、メンバーも課題解決への専門的な知識、技術をすでにもっていることを前提として集められ、一気に決戦を挑むといった短期決戦を志向する。

　プロジェクトチームは各機能組織で育った人材が、そこで培った知識・技術・経験を集結して花開かせる絶好の機会である。参加メンバーは短期間に異質な刺激を受け、事業の全体最適思考を学び企業人として急成長を果たす。このように機能組織の補助的な意義をもつプロジェクトシステムは今後も続いていく。しかしこのシステムはあくまでも一過性で持続的なものではなく、組織的な知識・技術・ノウハウの蓄積や人材育成の場ではない。

　そこで次の問題は、現在の変化の激しい時代にあって、明確な課題が把握できない場合である。そこには次の三つのケースが考えられる。一つ目は、市場環境は刻々と変わってきており、混迷度は増すばかりで何が問題なのか分からない場合。二つ目は、世の中のマクロトレンドは分かっているし、他社も新商品開発を始めていて課題は分かっているが、その課題に挑戦すべき新商品の自社独自の設計コンセプトが分からない場合。三つ目は、新製品や新しいビジネスモデルのコンセプトは決まったとしても、必要な知識、技術をもっていない場合。

このように混沌とした多様な事業環境の中で、短期、長期の視野を併せもち、持続的イノベーションにもベンチャービジネス的な破壊的イノベーションにも対応できる、組織構造はあるのだろうか。この難問に応える組織の仕組みとして提案されているのが、『ジョン・P・コッター　実行する組織』に示されている「デュアル・システム」だと考える。従来の階層構造からなる機能組織としての優れたところと、多様な人と情報の交流、創造性に優れたネットワーク構造とを組み合わせるという考え方だ。

私たちは伝統的な機能組織の中にいても、現実にはイノベーション意識に導かれるように、外に向かって課題解決の糸口を模索しながらネットワークを活用している。専門領域の異なる仲間と議論したり、他部門の専門家に取材したり、友人に頼んで彼の部門の人たちの意見をまとめてもらったり、大学や他社の知り合いにもネットワークを拡げている。重要なことは、インターネットでの情報収集や情報交換技術の進化は速く、その活用領域はますます拡がっていることである。縦社会の機能組織構造に対して横断的に拡がるこの計り知れない広大なネットワークシステムを、最大限に活用する方策を模索しなければならない。各自が意識的に拡大、構築したネットワークを使って活動の場を築き、それらを組織的なネットワークシステムに育て組織構造に組み入れていく。

このデュアル・システムを、全社的なシステムとして認知し、定着することによって「改善」「改革」「革新」のいずれにも対応できる組織構造をもつことになると考える。コッターが述べているネットワーク構造とは「新商品のスタートアップのときのネットワーク構造をイメージしたもの」で、デュアル・システムによって大組織がベンチャーのスピードで動けると期待される。

②チーム編成における人選

チームの使命にはおおむね「改善」「改革」「革新」の三つのレベルがあるが、チーム環境の変化によってチームに期待される役割は変わっていく。リーダーはそれに応じてチーム編成を考え人材を集めることになる。そのときチームの使命と理念に同意し、目的に向かう戦略やシナリオにも共感できる人物かどうかを見極めることが大切だ。ここをあいまいにすると組織の目的と個人的欲求との行き違いが生じ、両者にとって不幸である。

チーム編成を考えるとき、前記三つのレベルのいずれの機能を期待されるチームにおいても共通していることは、次の五つの視点であろう。チームメンバーは、少なくとも一つの要件は備えていなければならない。複数の要件を併せもつ人材は貴重である。

■実務力がある

自律と協働のモットーを共有していて、目標達成に向かって誠実に行動し、常にチームの実務を堅実にまっとうしている。

■専門技術をもっている

事業領域で必要な専門技術をもっている。

■特殊な技能に好奇心をもっている

日常は定常業務に携わっていて特に目立つ存在でなくても、独自の好奇心をもち研鑽している人物は、その知識が突然大きな業務改善や技術開発やビジネスモデルの革新に直結することがある。例えばＩＴ関連や機械いじり好き、先端技術への好奇心、経営や戦略などの勉強好き、資格検定マニア、語学などだ。

■戦略・戦術を考えることが好きなこと

役職とは関係なく戦略・戦術論をもちかけると、稀にではあるが乗ってくる人物がいる。また日頃は口数が少なくても何かを考えていて、興味のあるテーマにはおもしろくユニークな発想をする人物もいる。チームの業務革新や事業モデル革新を考えるとき、このような人物の思いがリーダーのビジョンや度量にうまく適合すると大いに貢献する。そしてリーダーが決断した戦略をチームで共有し実行していくときも、メンバーの一員の立場から、自分の信念で方針に賛同する声を発しリーダーを助ける。

■行動力がある

社内外を問わず権威者や権力者にも臆せず飛び込んでいける行動力があること。知識の事前準備や上司との事前調整の大切さを理解した上で、現場で実践力を発揮できる人物である。現状を大きく打開していくときの貴重な人材に成長していく。

どのようなチームにおいても、目的にそった象徴的な人材を中核メンバーに加え、チーム全体の指針を明確にすることが大切である。

期待する能力をもつ人材がそろわないときはどうしたらよいだろうか。そのときは人事部門とも交渉しながら、期待できる人材を集める積極的な手を打つ。それでも不十分なときは、時間がかかっても、人材育成の強化を職務の中に取り入れていくしかない。しかし人材が整わないままに短期決戦に挑まざるを得ない究極状態になればどうするか。失う物は何もないと開き直って、緊急の突破策を行使するしかない。ある有力企業の会長談話で印象的だった言葉を思い出す。「でかいことをやろうと思ったら日蔭者をかき集めろ。変わりもんでもすごい力をもったやつがいる。奮い立たせろ」と。

③チーム力の強さを発揮させる運営力

厳しい企業競争を個人で戦うことは到底できない。よく戦うためにチームが編成され、そこでリーダーは目的に向かってチームの力量を高め、チームの効果的な活動を目指して勢いをつけていく。しかし人の本性からいってチームワークは難しい側面があり、心を痛め悩むことになる。個人と個人、個人と組織の間にwin-winの関係が成立することが理想だが、一人ひとりの思いにはどうしてもズレがあり、組織とも利害関係が生じる。

リーダーが権力志向に偏っていると、組織を自らの権力を高めるために利用しているだけとメンバーには映り沈滞した空気が漂う。また過度に個人成果主義を煽ると、チーム内の絆は断たれチームワークは育たない。一方企業の社会的責任、顧客志向、目的達成意欲、メンバーのやりがいやキャリアアップを大事にするリーダーであれば、活発に意見が飛びかい、チームの成果を最大にしようと自律と協働のモットーが活き、チームワークが機能する。このチームの熱気の中で人の負の側面は退き、正の側面、即ち信頼し合える仲間と協力し合いたい、という誰もがもっている共同体願望が表に現れてくる。このような認識の下で、リーダーがどのようにチームワークを高めチーム力を強化できるかを考えてみよう。大きなテーマなので全体を網羅して論じるつもりはなく、重要と思われる二点だけを述べることにする。

◆個人の優れた特質を引き出しチーム力を高めていく

メンバー個々のもてる力を最大限に引き出し、それをチーム力として統括し統率していくことがリーダーの重要な役割である。ここで三つのポイントが考えられる。

■戦友としての絆がチームの挑戦力・創造力の源になる

困難な課題に挑戦し苦難をともにして戦ってきた戦友として、リーダーもメンバーも一体となって絆を確認し合うことは、イノベーション創出の大きな要素になる。それがあきらめない心、実力を出し切る意志といった精神的な強さを生み、互いに細かいことにはこだわらない度量の大きさ、互いへの責任感を育む。人間どうしの絆の下で世界観を共有できると、専門力や立場の違いを越えた連携やすり合わせ効果が生まれ、チームの創造的な力は高まっていく。

■出る杭をチームで支援する

チーム内でうまくいっていない課題を明確にして、その解決に挑戦する意志をもつ者に手を上げさせる。リーダーは挑戦者が失敗を恐れず試行錯誤を繰り返す様子を、大きな視野で見ていく。そして頃合いを見て、サポーター役かコーチ役か、あるいはファシリテーター役かで支援の手を差し伸べる。この実践を重ねていくと、まわりのメンバーは自分の得意領域を活かして、次は自分が手を上げようと目が輝いてくる。同時にテーマによっては周囲から自発的に協働したいと、協力者の手も上がり始める。こうして組織全体に創造的な発想と「出る杭を伸ばす」行動を志向する輪が拡がっていく。

■目の前の課題を徹底追究すれば自ずと経営センスが身につく

リーダーは、大切な課題に直面している特定のメンバーに対して、目の前の課題に集中させ課題解決に徹することを要求する。発散と収束を繰り返し、突き詰めて考え、試行していくと、自ずと事業経営が目指す意図や、やるべきことをやる感性と判断力が身についていくものだ。その活動状況が他のメンバーを刺激し、チーム独特の行動原理となってチーム力を高め、誰も予期できなかった成果を生み出す原動力になっていく。無我夢中で取り組んできた担当者もプロジェクトリーダー的経験をすることで、自然に経営的センスを身につけ成長していく。

このように個々のメンバーが自律的にチームワークを志向し、チーム力を上げてくると、リーダーの大きな役割の一つであるメンバーの人事管理的側面は、ほとんど必要のない状態に入る。多くの時間をリーダーシップに充てることができ、チーム管理の理想的なありようを実現することになる。

◆チーム力を低下させる個人の負の特性をどう克服するか

チームは構成するメンバー個々の優れた特質が統合され相乗効果が生まれると、思いがけない創造力を発揮する。これを経験したチームは、期待が高まれば高まるほどチーム力を膨らませて課題を取り込み乗り越えていく。

しかし一方で、チームに一体感がなく盛り上がりもなく、リーダーがチームの危機を叫んでもメンバーに立ち向かう行動が起こらず、むしろ混乱しあるいは沈滞するだけという場合がある。リーダーはそのような空気を感じたらまず、自分自身のリーダーシップのありようを見直すことである。上司や仲間、メンターに相談することが第一のステップになる。自分自身に問題がないと思えば、次にメンバー一人ひとりの資質や日頃の状況を思い返し、彼らの思考パターン、行動パターンを把握する。彼らの中にチームプレーにとって負の特質をもつ者がいて、それが原因でチーム力が沈滞、混乱あるいは崩壊の方向に進んでいるのではないかと、仮説をもって考える。次に示すような負の特質をもった人物がいて、チームに影響力を及ぼしているとしたら、まさに先の仮説が現実となっているということである。

ここでチーム力を低下させる困った人物像を三つ示すことにする。

■考慮浅く強調していた自説をすぐに変えてしまう人

学びに乏しく、現場、現物、現実の三現主義への意識にも乏しく、直感だけに頼って主張する人物である。思考の発散と収束の繰り返しができないのが特徴である。そのような人物がある職務領域のリーダー格であれば、多くの場合彼の主張通り実行に移っていくが、その後の論理的な詰めの段階で、あるいは初期の実験結果からすぐに欠陥が露呈する。そうすると直ちに新しいコンセプトとの入れ替えを主張し出す。このような安易な方向転換が繰り返されると、自分自身が抱えている仕事も彼のチームの仕事も行きつ戻りつして先に進めなくなり、当然仕上がりは遅れる。そのうち次の緊急課題が入ってきて仕事が重なってくると、負の側面がますます顕著になって仕事は積み残されていく。約束が反故にされていることを厳しく追及されると、面倒なことは省略して表面的なところで仕上げようとする。極端な場合は、滞っている仕事の大部分を一気に放り投げてしまうことすら起こり得る。ウソを言っているわけではないのだが、簡単に自己否定できる人は、事前準備の不足や仕事の優先順位、思考の欠如などが重なって、チームの目標達成計画の障害になる人物像の一つだ。

■安易にウソを言う人

あらゆる人間関係の基本は「信用」である。信頼関係を築き持続するためにはウソがないことだ。しかしとっさの方便だったり、理解の誤りが絡んでいたりすることがあったとしても、安易にウソを言う人がいる。この項でいう安易にウソを言う人とは、それが露呈したとき自分の良心に照らしてウソを認める人だ。あやまり心から反省することはあり得るし、その場合は敗者復活も可能になる。しかしそれが労力、時間、経費などの削減や自己防衛に対して、あまりにも有効であることに味をしめて習い性になっている人物は、必ず不祥事の原因を作る。チームから去ってもらうしかない。

■本音とは異なる発言をしながら、それをウソだとは認めない人

ウソであることが分かったときにもウソだったとは認めない人もいる。モンテーニュが最初に提示したと言われているのだが、分かりやすく言うと、「自分の論理や願望に基づいて不変の考えがあるにもかかわらず、場の状況から判断して不利にならないように、本当に思っていることとは別のことを言う。即ちその場において本音とは違うウソであることを戦略的、迎合的に言う人」である。従ってその場の決定に言葉としては賛同しても、実際の行動はチームが決定した方向とは関係なく、自分が本来目指している方向に歩もうとする。その人の本音が、例えば偏った権力志向であって、組織をキャリアアップの踏み台としか考えていないとすると、組織目標とは関わりなく自己のマイナス評価を極端に避け、プラス評価を目立たせようとする。リスクの大きい挑戦的なプロジェクトや、自己抑制を要する支援的業務の阻害要因になっていく。この確信犯的に本音とは異なるウソを言う彼らの多くは、抜群の言い訳力をもっていて、チームの目的と自分の本当の目的との違いを誰にも気付かれないようにうまくすり抜け続ける。最後は勘違いだと逃げる。「建前と本音」という言葉があるように、誰も本音だけで日常を過ごすことはできない。しかしリーダーはチームワーク、チーム力向上の観点から、メンバーの建前と本音を見抜く力は大事である。組織の目的とメ

ンバー個人の本音との間にwin-winが成立していれば、本音のところを組織への貢献に活用することになるが、組織に弊害が及んでいる場合は他の職場への移動を促すことになる。

チームに異質の人材を取り込み、思考や技術を多様化することは大切ですが、チーム作りに当たっての鉄則は、結果として、チーム力を高め創造性を発揮して効果的に成果を出す環境を構築することです。リーダーがメンバーから信頼されるには、害を除き、利を取り込むことによって、勝ちに向かって機能しているチームの姿を作り出し、メンバー自身がその一員としての誇りを実感できることです。

3 現場対応力

私がかつて学術的な観点から営業支援を担当していたときに経験した話です。有力顧客との面談のため営業リーダーと同行する道すがら、私が「重要な面談には準備力80%で、現場での臨機応変の対応力は20%のイメージですね」といったのに対して、営業リーダーは逆に「私は目的達成イメージを少し拡げて考えていて、相手があることなのでゴールをどこにするかは現場で判断するしかないですね。準備力20%、現場対応力80%です」とのことでした。勿論そこには役割の違いがあります。学術的には事前準備でいかに現場での想定外を減らし得るかが勝負どころです。一方営業リーダーは現場で日常的に想定外の事態を散々経験してきています。事前準備の大切さは当然理解していて、面談相手のプロフィールや過去の対応記録も把握しています。しかし彼がより重要と考えている準備とは、現場で相手の出方によって臨機応変に現場判断するための準備です。社内の意思決定権者の意向を十分把握し、そこを少し幅を拡げて考えます。そこにはいくつかのゴールが想定され、その一つひとつに対して自社の現実がどれだけついて来られるだろうかと、シミュレーションします。後は交渉の現場で相手の出方をうかがいながら、経営を説得できるぎりぎりの落とし所を探ります。そこでは知識、経験、知恵、感性、愛嬌を含む人間力を総動員して対応し勝負することになります。この最後の現場対応部分が80%ということです。

中堅リーダーは事業活動のあらゆる現場に立って、意図したことを成就するために、説得したり交渉したりする場面に直接向かいます。予測できない難題に直面して悪戦苦闘しながらも、何とか目的を達成したとき感動と幸せな思いがこみ上げてきます。上司やメンバーも思いは同じです。現場に立ったリーダーを頼もしく思い信頼関係を強くしていきます。現場対応力は、一瞬にして勝負をつけたとか一発逆転を果たしたとか、長年の懸案事項を一気に解決したといった、短期決戦で拍手喝采の場面を作り出せます。従ってリーダーが統率力を発揮する上で現場対応力は非常に大切な要素です。

ここで、この現場対応力を強化する要点を考えてみましょう。リーダーが説得力、交渉力を発揮するためのハウツーを理解するために、一般的な原則6項目を解説し、次に現場対応力の強い人の特質を学んでもらいたいと思います。

(1) 説得力・交渉力の六つの原則

①「最大限与える」ことで、互いに助け合うパートナーシップを築く

人には「お返し」の意識があるため、突然のタイミングで相手の期待を超えて、最大限与えることがキッカケでパートナーシップが芽生える。「弱所の選択」でもある「短期的に小さく負けて、長期的に大きく勝つ」ことを考える。

②専門力を発揮する

専門力を磨き独自の世界をもつ。問いかけられれば何でも答える姿勢を示し、分からないことであれば実情を誠実に語り、調査の時間を確保する。自分だけで不十分なら、仲間や専門家の力を借りて返答にベストを尽くす。説得や交渉で最終的に勝つためには、相手以上に知識を獲得し、練り上げたビジョンと驚きうなずかせる戦略をもつことで、その違いが勝負を分ける。

③価値観を共有し好意をもってもらう

誰もが心を許し合える人と共感し協力しようと思っている。価値観を共有してうなずき合い、互いの心情への気遣いもできるパートナーを求めている。相手がまだ気付いていない一段深いところに心遣いが届くと、人はハッと気付き感動する。相手の状況あるいはその場の状況に応じて機転を利かせた「気働き」が、相手の本音を引き出し感情的になるのを抑え、和ませ、説得・交渉をうまく進めることができる。

交渉時の注意事項としてよく知られている「Yes, but . . . の原則」とは、相手の趣旨に反対の立場にあっても、ひとまず相手の主張をよく聴き、趣旨は「分かった」と相手のプライドに気遣いを見せ、その後に「しかし」と、自分の主張を展開する。また交渉する前日に食事をともにするなどして、事前に気心を通じ合わせておくこともよく行われる。

④理解しやすい事実から入り決断の心理的ハードルを下げる

誰でも新しいことや経験のないことには不安だ。論理的に納得できても知識も経験も乏しければ、将来起こるかもしれない不測の事態への心構えができず、結果責任を背負う決断はできないと考える。この高い心理的ハードルを低くするためには、相手自身が類似の経験をしていることを呼び起こす。また他の人たちがすでに経験を重ねていて、充分な情報もあることを知らせる。さらに自分側の責任量を増やす方向で責任領域を明確にし、相手の責任量を減らす方向で責任範囲を確認する。このように安心感を与える提案をして、未知への不安を和らげる。

⑤人は本来約束を守り一貫性を大切にする

人は人前で発言したことは自発的に守ろうと努力するものである。従って互いが基本的な考えを表明し合うプロセスを経て、心を和ませ心理的ハードルを下げ「うん！」とうなずくところを見定める。事業的成果は交渉成立後の事業運営にかかっていることを肝に銘じ、決定事項の約束を守るためにも、交渉の先にある経営戦略ストーリーを確認しておくことは交渉時の前提である。

⑥思いがけない発言や創造的な発想で驚かせる

「驚き」は「感動」を呼び「記憶」に残る引き金になる。妥協できない事柄で議論が膠着し熱くなっているとき、ぽつりと思考を飛躍させ異次元の解決策を語るとか、長期にわたる困難な取り組みの中で偶然の発見に遭遇したことを語るとか、予定調和を壊すとか、業界の非常識を取り込んだ合理的な戦略ストーリーを語るとかは、確実に相手の意表を突き論議をリードできる。

(2) 現場対応力に強い人の特質

私自身が会社生活で出会った「現場対応力」に強い人の特質を思い起こし、またビジネス誌などに登場する、現場で課題突破を実践した人、優れた交渉力で難局を打開した人などの記事から彼らの特質を三つの要素にまとめました。「強い使命感、目的意識をもっている」「日頃から社内で説得力、交渉力を発揮している」「現場では想定外のことが必ず起きると覚悟ができている」の三点です。次にこの三点について考えてみましょう。

①強い使命感そして目的意識をもっている

強い使命感と目的意識から何事にも先頭に立って挑戦する意欲があり、リーダーとしてのプライドをもっている。何かあれば自ら一歩前に出るし、周囲からも背中を押される存在で、それが本人も職場にとっても習性になっている。このようなリーダーは日頃から現場対応の状況を想定しながら、経営の意図と現場の声に耳を傾け、幅広い知識と経験を意識的に積み重ねている。組織の目的、価値観を大きな視野で意思決定権者と共有している自信があり、従って現場判断を大きく誤ることはないと考えている。

局面によっては自我を捨てることさえできる心意気が、相手にとって本当の怖さを感じさせる武器であることも知っている。そして責任から逃げない覚悟が相手の心を打ち、彼らに信頼感と安心感を与えることになる。

②日頃から社内で説得力・交渉力を発揮している

リーダーは事業目的にそってチームの目標を定め、チームメンバーと共有し、実行を円滑に進めるためにもチーム外に出かけていく。リーダーにとって説得力、交渉力は日常活動そのものになっている。種々の提案に当たっては準備を整え、意思決定権者への説得にあたり、そこでの交渉を経て承認を得、提案の実現に向けて関係者や関係部門との話し合い、あるいは折衝に入る。交渉時には、いくつかの選択肢を準備して臨み、相手の発言の本質を感じ取りつつ、即座に判断し決断する感性と力量を発揮する。社内交渉の経験を重ねていると社内説得にも自信がついてくる。この社内説得力への自信が対外折衝における決断を支えてくれる。対外的に想定外の決断を下すことになっても、自分が合理的と判断したことは、事後の社内説得が可能だという自信をもっているからだ。

明確な目的意識をもった、準備力、発信力、説得力、交渉力、判断力、決断力はすべて社内外での現場対応で求められる能力で、日常的にこれらの能力を磨き経験を重ねることによって、厳しい現場に立っても的確な対応力を発揮できることになる。

様々な難題に直面しても、コントロールできることとできないことの区別、最優先課題への重点化、そして完全主義に陥らない潔さをもって情報の選別、価値観の変更を瞬時に行う。日常の研鑽の結果が説得、交渉の場で一挙に凝集して、「ブレない意志」と「柔軟な判断」を両立させる。こうして生まれた自信が、恐れのない心の状態を作り上げ、優れた現場対応力を発揮させていると考える。

③現場では想定外のことが必ず起きると体験的に覚悟ができている

現場対応力のある人は、現場には不確かなことや想像できないことが必ず起きると経験的に知っている。これまで積み上げてきた試行錯誤の中で、どのような難題であってもそこから逃げずにぴったり寄り添って行けば、知恵や偶然に出会って何とか打開策が見出され、乗り越えて行けるという覚悟と自信をもっている。どうしようもないときの最後の手段は、愛嬌で決断を先延ばしするしかないのだけれど。

現場対応力に優れた人は、受動的な状況から能動的な立場に一気に逆転できる戦略・戦術思考と、強い主体性をもっている。ここに至るまでには他が見ていないことや、見たくない現実を見てきているはずで、独自の見通しと決断の後にくるかも知れない動転する出来事も、総括的に胸の中に入っている。

こうして現場対応力を発揮して窮地を脱し、ピンチをチャンスに転じる攻撃目標を創造できたときは、打開現場に立ち会った人たち、協力してきた人たちみんなも感動し、喜びに包まれます。このようにして得られた信頼と戦友の情はリーダーの統率力を一層高めていきます。

第六章

チームメンバーの育成ポイント

事業環境は激しく変化し、組織にはたえず想定外の課題が飛び込んできます。事業の危機も迫ってきます。思いがけない難問が降りかかったとき、経験や過去の知識、既成のシステムに頼るだけではとても機敏な対応はできません。前もって準備しようとしても、未来を読み切るなどとても不可能です。いきおい未知の世界への適応には優れた人材に頼るしかありません。予期しない出来事が発生したそのときには、メンバー一人ひとりの多様な能力、技能をベースに、未経験の解決案を発想してもらうしかありません。人材さえそろっていれば予測できないことにも何とか対応できると強い気持ちになれます。人材育成の最大の意義は、大きな環境変化があっても事業革新を繰り返し、企業の持続的な成長を可能にすることです。

中堅リーダーがチームメンバーの育成を考えるとき、課題をもって臨むことが大切です。ここにメンバーの育成基準として考えてもらいたい三つのポイントを取り上げます。

■自己を磨き、鍛え続けるために「学び・考え・行動する」このスパイラルアップの大切さを理解、納得し習慣として身につけさせる。
■活気を発散できるように、「自律と協働で全体に貢献する自覚と自信」を育てる。
■組織に足跡を残せるように、「将来の組織文化につながることに誠実に取り組む」ことを考えさせる。

リーダーが人材育成に当たって明確なテーマをもちそれを共有する過程で、彼らの心に火がつき反応し始めます。メンバーの成長意識の高さが組織の盛衰に直結します。リーダーは組織の活気が最大のOJTになると心得て、組織の空気づくりと一人ひとりの育成に努力してもらいたいと思います。

では様々な特性をもつメンバーの一人ひとりの育成を、具体的にはどのように考えたらよいのでしょうか。ただ一律に研修会や講演会を企画したり、会議を重ねるだけでは意図した人材育成は難しいでしょう。マーケティングの場合と同様にメンバーの特性を細分化して、それぞれに適した育成プログラムをもつことだと思います。ここでは三つのキャリア開発コース、「次世代リーダーの育成」「社内プロフェッショナルの育成」「受動行動から能動行動への成長、変身支援」を考えます。

1 次世代リーダーの育成

以前目にした「政治とは」という記事の中に、政治の起点となるのは「人を思いやる」ということに尽きるとありました。政治にはいろいろな方法や技術が複雑に絡みあっているが、政治を行う行政には思いやりの精神が内蔵されていなければならない、そして政治の横暴や疲弊はこの精神の欠如にあると説いていました。企業のリーダーもリーダーシップの起点となる精神に注目し、この精神を次世代のリーダーにも伝えていかなければと考えます。

次世代リーダーの育成に当たって、リーダーシップの意義と自己開発のポイントなど、育成視点の全体像は本書全般を参考にしてもらいたいと思います。この項では「リーダーシップの起点となる精神」についてのみ考えていきます。

ではリーダーシップの起点となる精神とは何でしょうか。決断、理念、使命感への情熱、独創性、洞察、共感、統率などがあげられます。いずれも大切な要素で、友人たちとこの議論を始めると、人による資質や心情の違い、環境や経験の違いによって様々な意見が出ます。私の結論を言えば、リーダーシップの起点は「共感」だと考えます。以下に「共感」を選択した理由を述べます。

「共感」には次の二つの意味が含まれます（三省堂『スーパー大辞林』参照）。

- 他人の考え、行動に、全くその通りだと感じること。「同感」と同じ意味をもつ。

■他人の体験する感情を自分のもののように感じ取ること（sympathy）。「思いやり」と同じ意味をもつ。

日常的な組織活動において、目的や課題に共感し、理解・納得し、共有することの大切さも、その難しさも知っています。従ってそこにリーダーシップを発揮する必要があるのですが、メンバー個々の心の問題であるために、達成イメージが漠然としていて、どのようにアプローチしたらよいか分からないように思われます。しかしリーダーシップの起点としての「共感」のもつ二つの意味を理解することで、もつれた糸を解きほぐす糸口が少し見えてくるのではないでしょうか。では「共感」の二つの意味「同感」と「思いやり」のそれぞれを追求することによって、リーダーシップの思考と行動はどのように導かれていくか見てみたいと思います。

◆「同感」の追求によって課題の本質を求めるプロセスを生む

リーダー、メンバーが互いの考え、行動に同感しようとする意志をもっていれば、まずは互いの考えや行動の実状を知る必要がある。意思決定の「透明性」とか、状況の「見える化」といったことが促される。そこで課題を共有すれば人も集まり、課題の本質を明らかにする議論が始まり、本質の特定ができれば課題解決のためのコンセプトを求める議論が続く。

リーダーからコンセプトが示されると、半信半疑のまま盲従してしまうことがありがちだ。そこにはリーダーもメンバーにも課題の大切さを共に感じ取り、その本質を共に見つめ理解しようとする意志が働いていない。特にリーダーが自らの思考基準として「メンバーと同じく感じる」ことの必要性を意識していれば、メンバーに思いを伝えるために、情緒的ではなく論理的な思考が加わるはずだ。情報を開示し共有して初めて話し合いが生まれる。

◆「思いやり」の追求によって信頼関係が生まれコミュニケーションが深まる

リーダー、メンバーが判断、行動の基準として「思いやり」を自覚していたら、互いに長所、短所、心情も含めて存在を認め合うことになり、それが信頼関係を育む。信頼関係は、リーダーシップの重要な要素であるコミュニケーションを円滑にしてくれる。徹底したコミュニケーションによって、メンバーは課題や課題解決のコンセプトを理解し納得する。

「共感」を起点にリーダーシップを発揮したいと考えても、組織の中にこの空気をつくり出すことは現実には難しいものです。リーダーがカリスマ独裁型とか、単に支配欲が強すぎるとか、自己愛過多とかの場合もあります。またメンバーの方も自己中心型で殻に閉じこもって変化を拒む者、他人のことには鈍感で人を大切にする感性に乏しい者もしばしば存在します。このような組織では共感を共有することは難しくなります。

事業運営の最前線でチームを任された中堅リーダーは、理想と現実のはざまで苦しむのは当然の役割と割り切って、耐えて知恵をふりしぼるしかありません。ただリーダーとして自覚しておきたいことは、チームを構成する人材が、まさに成果にも危機管理にも直結するということです。従ってチーム構成に当たっては上司や人事部門との交渉力を発揮することになります。一般には中堅リーダーがメンバーを選ぶことは困難なことかも知れませんが、意識していれば賛同し支援してくれる人たちとの出会いもあり、目的にあったメンバーを集めるチャンスは必ず訪れます。

リーダーシップの起点として、納得あるいは共有があげられる場合があります。ある考え方をチーム全体で共感し、理解・納得し、共有できれば理想的ですが、メンバー一人ひとりの資質、知識、経験が異なる状況で、物事の概念を短い時間で共有することは困難です。激しい環境変化に対応した敏速な行動、変革はできません。リーダーは何とか主要メンバーの多くに共感が得られたと判断できれば、プロジェクトを進める決断をすべきと考えます。メンバーにとってスタート時点では実感をもって納得できていなくても、共感できていれば、実務を走らせながら具体的な実証が重なるにつれて理解も深まり、コンセプトの共有化もできていきます。まさにDo-Check-Action-Planをたどって納得し共有化していきます。共感の起点は、リーダーだけではなく職場でどのような立場の者であっても大切なことで、共感を態度と言葉で表現し続ける者の周りには、きっと〝あかり〟を感じることができるでしょう。

多くのリーダーは、リーダーシップとは決断に尽きると語ります。何かをやろうとすればあらゆる場面で最終的に必要なのは決断です。確かに決断はリーダーシップの極めて重要な要素です。しかし決断の前段階として、論理的に詰めた判断があるはずです。論理性・合理性で判断した主題が一つあるいは二つ、三つに絞られた後、リーダーは予測できない将来の不透明要素もすべてのみ込んで決断することになります。決断とは「きっぱりと心を決める」ことで、本来論理的に機が熟したときに初めて果敢な決断力の重要性が出てくるのです。リーダーは途中の論理や筋道を無視して、即断即決の強迫観念にかられるように、心の問題である決断に性急に結び付けてはいけないのです。決断はリーダーシップの本質であっても、リーダーシップの起点として目的化してはいけないということです。ワンマン独裁型リーダーは日常が大きな経営決断の連続です。得意領域の限られた課題に対しては、短期的に俊敏で優れた判断力と決断力を発揮しますが、それも実務力に優れたメンバーが共感しているから可能になるのです。しかし環境が変わり、あるいは未経験の領域に出ようとするとき、ワンマンリーダー自身の判断精度が落ちているにもかかわらず、スタッフの判断を無視することがあります。極端には論理的判断を欠いた誤った決断の連続だけが残り、組織を危機に陥れることも起こりかねません。決断の一歩手前で、少数であってもメンバーと共感し合うことの大切さを思い出すことができれば、決断の前提になる論理的、合理的判断の重要性を思い出すことができると考えます。

2 社内プロフェッショナルの育成

技術革新やビジネスモデルの開発、また経営戦略の多様化が急速に進む中にあって、一人ひとりのキャリア開発を考えるとき、その方向として、本人の資質、専門性、興味に適合したプロフェッショナルへの道が期待されます。世界レベルで事業活動を展開できる創造的な組織を構築するには、それぞれの専門領域を担当できるプロフェッショナルの育成が決め手になるからです。

リーダーがメンバーとキャリア開発について話し合うとき、まずはプロフェッショナル志向を促します。彼らの自己成長欲求と資質を見極め、できるだけ多くの人材をプロフェッショナルの道に導きます。自分の適性を見出せなくて低迷している者にとって、目を開かせるキッカケを与えるかも知れません。また将来上級リーダーへの道を歩もうとする者には、若い間に一度はプロフェッショナルを目指して専門性を深めておくことの大切さを説きます。

ではプロフェッショナルのイメージを考えてみましょう。まずは専門力、社内は勿論社外でも通用する専門性を身につけることです。次は少なくとも自分の専門領域においてはリーダーシップを発揮できることです。例えば、部門横断プロジェクトに専門領域の代表として参加したとき、また大学等の研究機関や他社との連携に関わるときなど、担当する専門領域でのリーダーシップが期待されるからです。プロフェッショナルとは、専門力の幹に枝、葉を拡げ、プロ魂といった精神性の根っこでしっかりと支えられた、一本の大きな木のイメージです。

ではプロフェッショナルにはどのような心構えが必要でしょうか。世界のホームランバッター、王貞治氏の言葉に想像を絶する高いプロ意識が表現されていました。エラーをした選手にこう言ったそうです。「プロはミスをしてはいけない。この一球は二度とない」と常に球際の完璧さを説いたそうです。そして続けて「人間だからミスをするのは仕方がないという人は、ミスが多く同じことを繰り返す」と。また、肝がん摘出手術で世界的に注目されている外科医、幕内雅敏氏がプロフェッショナルとはと問われて、次のように答えています。「常に細心の注意を払って仕事をして、経験から得た教訓を忘れずに新しい工夫をすることを怠らない。そこに人事を尽くして天命を待つという心境が開けてくる」と。

プロフェッショナルは高い志をもって自分を高め、貪欲に準備して定めた目標に挑戦し、組織の成果に自己を活かす。このブレない意志、あきらめない精神、自分の限界を決めずに挑戦する努力が、信頼を獲得し期待に応える、この繰り返しが自己ブランドを高めていきます。こうして高まってきたプロフェッショナルとしての自覚が、さらに自己変革、自己向上の動機付けとなっていきます。それは結果として、組織の文化に引き継がれていく何らかの印象と影響を残していくことになります。

では中堅リーダーが、メンバーをプロフェッショナルへ導こうとするとき、どのようなことを考え、支援していけばよいのでしょうか。次の三点について考えてみましょう。

⑴ プロフェッショナル候補を発掘し寄りそう

メンバーの多くは自分のキャリア開発を具体的には考えていません。しかし自己向上意欲をもっている者にはキャリア開発のチャンスを与えたいものです。一方自己開発意欲に乏しい者もいます。彼らは次第にマンネリ化していき、不安定な状況になっていくことは目に見えています。彼らとの話し合いの場をもって、企業社会でどのように生き抜いていくか、どのようなキャリアを選択していくか、イメージする方向に進むための自己変革とはどのようなものかと率直に語り合います。いずれにしろプロフェッショナルとしての適性と意欲のある者には、それぞれに専門領域を定めプロフェッショナルへの道を支援していきます。プロフェッショナルに適した人物を見出す視点には、三つのポイントがあるように思います。

◆結果を気にしすぎて前のめりに行動しようとするより、むしろ具体的な挑戦までの準備に熱意をもって取り組んでいる者、また実施過程においても納得できるところまで粘り抜いている者。

◆テーマの実行計画に対して、自分なりの伏線的なテーマ、あるいは直接的な関連は乏しくても何か自分なりのテーマをもっている者。他とは異なる、むしろ独特な偏りのある意見をもつ者。

◆自分の意見をもって議論に入ってきて、話題を盛り上げることができる者。

特異な意見をもっている者は時には孤独な状況になることがあります。そんなときには孤立させないように寄り添います。人は誰も特に逆境にあるときには、精神的な支えになる存在、声をかけてくれる人、相談に乗ってもらえる人を求めています。「自分を応援してくれている人がいる」と信じられれば、力が湧き挑戦する気力もみなぎってきます。

(2) プロフェッショナルへの動機付け

一人ひとりが自分の多様な可能性を見つめながら、自分らしさを精一杯発揮して思うことをやり遂げる、そこに喜びがあり救いがあり、組織への貢献があります。リーダーがこのことをメンバーと確認し合うことが動機付けの第一歩です。

ここでメンバーをプロフェッショナルへと導く三つのポイントを取り上げます。

①価値観、課題に対するコンセプトを共有する

組織が役割を果たしていく上で優先すべきことや、課題の本質、課題解決のコンセプトについて何度も徹底して話し合い、互いに理解、納得し、共有するプロセスを大事にする。彼らの革新的な発想が組織のニーズから離れず、組織目的の範疇であることを期待するためにも、組織の目的を納得し共有できるところまで理解を進める。その過程で意識的に重要情報を知らせる。

専門力はあってもプロフェッショナルへと成長しきれない例は多々あるが、その原因の一つは、彼らに経営の情報、事業方針の意図や戦略構想、あるいは社外の重要情報などが知らされていないことである。また彼ら自身も専門領域の狭い視界に入ってくる情報にしか関心がなく、事業経営と自分との関係を理解しようとしないことも原因している。

②プロフェッショナルへの道のりを気付かせる

メンバー一人ひとりの特性を活かし、プロフェッショナルへと成長できるポジションを探し、どのようにキャリア開発するかをメンバーとともに考える。自分の特性や役割に自ら気づく方策としてまず頭に浮かぶのは、課題解決のプロジェクトに参加させることだ。例えば部門横断的な課題解決プロジェクトや、新製品開発から販売までの過程を一括担当するプロジェクトに参加させる。そこで自分はどうあるべきか、新たな立場に立っていることが認識できる。専門力とその分野におけるリーダーシップの重要性を実感し、プロフェッショナルへの道が見えてくる。プロフェッショナルとしての自覚とプライドが芽生えれば、あとは自力でキャリア開発できる。

③社内プロフェッショナルの活かし方を考える

リーダーはプロフェッショナルとして成長してきたメンバーを、組織の中で活かし、さらなる成長を支援する。そのとき次の三点を心掛けておきたい。

◆ほめるときは「心をこめて」、指摘するときは「ビシッ」と

プロフェッショナルへと成長している者は自分なりの考えで、非常識とも言える思いがけないことを語るときがある。その中には明らかに経験不足からの非常識があるかも知れないが、逆に革新的な発想を呼び起こすアイディアが含まれているかも知れない。まずは彼が語ることを認め、そのことについてしっかりと話し合う。その上で、高く評価できる

ポイントは確認し合いながら心を込めてほめ、認められないときはその意味するところをビシッと指摘する。いずれの場合も彼の考えに関心をもち、しっかり受け止めたことの実感を与えられるように心がける。このプロセスが互いの信頼関係を育み、メンバーのさらなる成長を促す。

◆時間を与える

性急にせきたてるだけでは、彼らのプロフェッショナルとしての能力を活かすことはできない。リーダーは心の余裕をもって、彼らが調査し考え、選択し試行する時間を与える。バラバラに発散させた知識からあるコンセプトに収束させるには、生理的にも時間を要する。バラバラの情報をもつ脳神経が関連性をもって絡まり集まってこないと、コンセプトへの収束は得られないからだ。少なくともその時間は必須と考えなければならない。

また、パスツールは「幸運の女神は準備できた心の持ち主だけに訪れる」と言ったといわれる。何事も準備する時間を必要とする。日々努力を重ねていても偶然の発見はいつ訪れるか分からない。幸運は考え抜き実験をやりつくす過程があって初めてつかみとれるのだ。ともかく今を大切にするその意気込みこそ大事だということを、リーダーとメンバーは共有する。この徹底する行動から新たな展開が見えてくると信じる。

◆社外に出て行かせる

プロフェッショナルとしての実力を高めているメンバーには、外の空気を吸わせ新たな刺激を受けるように支援する。彼の専門領域での権威者や、最近新しい情報を次々と発信している人、あるいは社外で自分と同じような立場で奮闘している人との出会いをアドバイスし支援する。最適な機関を選び、派遣し、異質体験をさせることも考える。

プロフェッショナルであり続けるためには、信頼できるプロフェッショナルからのコーチングを受ける必要がある。自分なりのコーチあるいはカウンセラーやメンターを見つけることをアドバイスする。

(3) プロフェッショナルの営業力

リーダーはメンバーのキャリア開発を考えるとき、多くは彼らの特性を活かしたプロフェッショナルへの道に主眼を置き、指導し支援していきます。メンバーの多くも同様のイメージをもっているため、キャリア開発の方向性は共有しています。

ここで本当の意味で自立したプロフェッショナルになるには、次の三大要素を獲得しなければなりません。それは「専門力」「専門領域におけるリーダーシップ」「営業力」です。専門力を磨くという点では容易に納得し合えます。また自分の専門領域でのリーダーシップ力についても、その必要性、重要性は確認してきました。対外的に一人になって、専門領域で活動するときの状況を考えればイメージできます。スペシャリストとのイメージの違いを考えると分かりやすいかも知れません。しかしプロフェッショナルとして真に自立するためには、三番目の営業力を身につけなければなりません。プロフェッショナルが自己あるいは組織の能力、技能を買ってもらうための営業力です。医師、弁護士、公認会計士などなど、いずれのプロフェッショナルも自らの営業力を発揮しないと、資格を取っただけでは食べてはいけません。彼らは営業専任部隊をもっていないからです。企業でも経営スタッフ部門や研究所には営業専任メンバーはいません。

最近知り合った、大手の司法書士事務所の社長さんに、経営上の一番の課題は何ですかとたずねたところ「所員の営業力です」と即答され、続けて「資格を取り専門的な実務力があれば、お客さんが来ると思ったら大変な間違いです。彼らに営業力をどのようにつけていくか、それが一番の悩みです」とのことでした。

社内プロフェッショナルにも同じことが当てはまると思います。事業活動に参画し、成果に貢献するためには、自分のプロフェッショナルとしての能力・技能を他の多くの人に知ってもらい、自分の価値を認めてもらい活用してもらう必要があります。どんなに革新的な提案や技術だと思っていても、社内や市場で受け入れられるとは限りません。成果に結びつけるためには、提案側の発信内容と受け手側のニーズとのギャップを埋めていく感性と知識、そしてマーケティング戦略が必要です。その前提は、前もって受け手側の本質的な欲求を理解しておくことです。

需要者のニーズを知りその本質を理解するということは、営業担当者が商品を市場に売り込むときのマーケティングに学ぶことを意味します。マーケティングの学習は、経営スタッフ部門、研究開発部門、技術部門など、全社すべての部門のプロフェッショナルにとっても必須です。例えば人事部のスタッフであれば、まず人事部にとっての顧客を特定します。顧客は当然経営トップだけではなく社員全員です。経営的成果を上げるためには、顧客のニーズを知る必要があります。セグメント・マーケティングを参考にすると、多様な欲求をもつ社員を人事のプロフェッショナルとしての視点で、いくつかの切り口をもって細分化します。それぞれのセグメントの社員の悩みや要望を取材して解析し、セグメント特有のニーズを特定し、そこに的確なサービスをタイムリーに提供する。特に企業の成長性に最も強く貢献する人たちのセグメント、また企業の持続性に最も強く貢献する人たちのセグメントを切り出し、まずはそこに最適なサービスを提供する。これが人事部門プロフェッショナルの仕事ではないでしょうか。

ここでマーケティングのポイントを簡略に説明します。まずマーケティングの意義を見てみましょう。マーケティングの大御所フィリップ・コトラーが著書『コトラー&ケラーのマーケティング・マネジメント』の中に示した、マーケティングの意味するところを引用して紹介します。まずアメリカ・マーケティング協会の公式定義を見てみましょう。「マーケティングとは、顧客に向けて価値を創造、伝達、提供し、組織および組織をとりまくステークホルダー（企業に対する利害関係者：株主、社員、顧客、地域社会などを含む）に有益となるよう、顧客との関係をマネジメントする組織の機能および一連のプロセスである」と。またマーケティングが展開される現場の状況を想定して、そこでの「マーケティング・マネジメント」を、コトラーらは「ターゲット市場を選択し、優れた顧客価値を創造し、提供し、伝達することによって、顧客を獲得し、維持し、育てていく技術および科学」と考えています。

マーケティング戦略を考えるときのマーケティング・ツールとしてよく知られているのが４Ｐと

4Cです。売り手側から見たのが4Pで、製品（Product）、価格（Price）、流通（Place）、プロモーション（Promotion）です。これを買い手側から見ると、それぞれに対応した4C、顧客ソリューション（Customer Solution）、顧客コスト（Customer Cost）、利便性（Convenience）、コミュニケーション（Communication）となります。

社内プロフェッショナルは自らのマーケティングを、どのように考えたらよいでしょうか。私なりに4Pを次のように考えます。

①製品

自分自身の能力・技能を商品と考える。状況により所属部署の能力・技能を商品と考えることもあるが、いずれにしろ社内外で顧客を発掘して特定し顧客のニーズに応え、顧客の課題解決に貢献する。さらには顧客ニーズを先取りして感動を与えるところまで自分自身の商品価値を高めていく。

②価格

自分の市場価値を高める二つの戦略がある。『イノベーションのジレンマ』での指摘と同様、自身の高度化、多機能化、独自性を特定顧客にアピールして高価格で売り込む戦略と、徹底したＩＴ活用やマニュアル化、安価な労働力の活用、IoTや人工知能の進歩の応用などによって、大量顧客の課題解決に応えながら、個別の顧客費用を徹底的に低価格にする戦略。

③流通

自己の商品価値をどのように効果的・効率的に顧客に届けられるだろうか。まず顧客にとっての利便性を考える。顧客との打ち合わせや課題解決の提案・実施などの的確なタイミング、頻度、期間、方法、場所などを考え判断する。

④プロモーション

商品の販売促進のためのマーケティング戦略を考える。

- マス・マーケティング：社内発表会、社内報、表彰制度などの活用、社外的には学会発表や業界活動、新聞・テレビなどのマスメディアへの露出など、一気に多くの人たちに知ってもらう戦略。
- セグメント・マーケティング：市場、顧客を効果的な切り口で細分化して優先順位をつけ、ターゲットとして絞ったセグメントの顧客に、最適な手段をもって売り込みを図る戦略。

■ワン・トゥ・ワン・マーケティング：有力顧客個々の特性を把握して、それぞれに適した売り込み策を展開する戦略。
■ソーシャル・ビジネス対応マーケティング：自分の能力・技能という商品が、既知の市場を越えて広く社会貢献につながらないか、これまで誰も気付かなかったところで人々に幸せをもたらすことになりはしないかとグローバルな視点から見つめ直してみる。そこに新しい市場を求めて、新しいビジネスモデルや新しいマーケティングを模索する戦略。

ここに営業のプロモーション活動の基本も付け加えておきます。

◆商品の顧客にとってのメリットを、そのメカニズムを含めて理論的に説明し、その有用性を論理的に理解、納得してもらう。
◆その方面のオピニオン・リーダーあるいは権威者たちからの、商品推薦のメッセージを伝え信じてもらう。
◆非固定顧客、顧客候補層の人たちに対して、彼らにとって身近な存在で、かつ商品に賛同してくれている顧客たちの声を、種々の手法を駆使して直接目や耳に伝える機会を設定して、共鳴してもらう。

この三つの営業プロモーションを参考にして、今どこに力点を置くか、またどう組み合わせるとよいかを考えます。いずれのプロモーション施策もコミュニケーション力の確かさが前提になります。

リーダーはメンバーに自分自身の商品力を見つめ直す機会を与え、改めてプロフェッショナルへのキャリア開発の道すじを話し合います。彼らが自己ブランドを鮮明に意識し、自己紹介のとき「私は～のプロです」と言えるように、また自己のパンフレットを作れるところまで進んでください。そして自分を受け入れ活用してくれる人を見つける嗅覚の大切さも、知っておいてもらいたいと思います。

3 受動行動から能動行動への成長、変身支援

コンピタンス（課題解決の能力・技術）、自立心、能動行動に強みをもてないメンバーのレベルアップを図り、チームのコンピタンスを高めていくことは、リーダーの大切な役割です。彼らの育成をセグメント・マーケティングに習って、「経験不足の若者グループ」「課題解決力不足の実務経験者グループ」「不平不満をもつ意欲減退者グループ」の三つのセグメントに分けて考えていきます。

(1) 経験不足の若者へのアドバイス

経験不足で期待されるコンピタンスをまだ獲得できていない、若者への一番の動機付けは、いくつかのプログラムを用意し、将来につながる経験をさせることです。周辺の知識・技術を削り取りながら深く掘り進む経験、あるいは異領域にも幅広く飛び回る経験をイメージさせます。「経験競争」という言葉が生まれている時代です。若者には自分自身のキャリア開発を自ら決断し、自ら人生を作り上げていく決意を求めます。その上でまずは何を志向するか、その方向での適性はどうかと見ていきます。一方で人によっては、将来のことはひとまず置いて、「今を精一杯やり抜く」指導があってもいいのです。懸命にやり抜いた経験を起点に、改めてキャリア開発を考えるというルートです。

現在の激しい競争環境、情報過多社会にあって、自分の成長方向を見失ったり、今に打ち込めなかったりと、戸惑い悩む若者も増えています。リーダーが若者の成長を促すキーワードは何かと考えたとき、その一つとして大切なことは「選択する」ということだと考えます。大事な行動に移る前にはいくつかの選択肢を提示させ、その妥当性を検証し選択を求めます。選択肢がはっきりしないようだと検討不足といえます。リーダーは彼らが選択肢をしっかりイメージできていると確認できるまで何度も話し合います。この「選択」の思考習慣を身につけさせるためには、日常の小さな事柄に対しても複数の選択肢をもって、その上で自ら決断して選択し行動することを求め続けます。「選択する」ことがビジネスマンとしての成長のレバレッジ（てこの働き）効果になって、総合的な実力をつけていきます。

リーダーは彼らの成長のプロセスを横から静かに、時に話し合いながら見ていきます。彼らが細かなことで気付かずにいることもあるでしょう。そのとき何でも教育しようとせずに、さりげなく補ってあげることがあってもよいと思います。彼らがその場では助かったことに気付かなくても、将来胸を熱くして思い出すことがあるかも知れません。

(2) 課題解決力不足の実務経験者へのアドバイス

実務経験を重ねてきているが、競争社会の中でまだ独自のコンピタンスに弱さをもつメンバーに、どのようなアドバイスができるか考えます。彼らの行動を見ると、上から下りてくる実務を慣れと努力で真面目に果たしていますが、組織の目的や使命といった本質的なことには関心がありません。物事に対する意見に乏しく、目標や情報は上司からの一方的な伝達に終わってしまいがちです。意思、感情、思考を伝えることが不得手であったり、周囲に無関心ということもあって活力が感じられません。また役割を狭く理解してしまうことはあっても、役割を自ら拡げて考える習慣は見えません。物事に受動的で責任感も乏しいように思えます。

彼らに対して少なくとも能動的行動と実務周辺での気付きを語り、コミュニケーションできるところまでは期待したいところです。まずは将来の自分のありたい姿、あるいはキャリア開発をどのように考えているかを聞き出すことから始めます。変わらない人には変わらない理由があるかも知れません。そこを穏やかな会話の中で語ってもらうプロセスは大切なところです。その後どのように変えていかなければならないかを語り合います。自分の将来について具体的に考えたこともなく、誰かから親身になってたずねられたこともない人たちが結構多いと感じます。リーダーとして彼らに語りかける意義はあります。心が通う気配を感じることがあり、そのあと明るく快活になる場面も出てきます。経験上かなりのケースで言えば、彼らは実務周辺にも心と目は届いています。そこでの気付きを語り考える習慣を身につけてもらうには、まず安心感を与え心を開かせるキッカケとなる語りかけが必要です。自分の守備範囲外のことを語ると、逆に攻撃されるのではないかと心の奥に恐れを抱いていることがあるからです。

まず現状のままでは今の激しい環境変化に対応できなくなることを知ってもらいます。今は受動的なルーチン行動に留まっていることを確認し合った上で、能動的な行動、身近なところで新しい何かを提案できる活動を目指して語り合います。組織にとってかけがえのない人材の一人であることを伝えながら、最初は一歩だけの向上を目指します。

リーダーが彼らと話し合うときに、自分自身に次のような問いかけをもっていると、彼らに期待するイメージがはっきりしてきます。つまり「あなたが人事の採用担当者で中堅実務者を採用しようとするとき、どのような人物だったら採用しますか」ということです。そのときの問いかけのキーワードが何になるかがリーダーとして大事なところで、日頃具体的に考えているかどうか自分自身を試すことになります。

⑶ 不平不満をもって意欲減退している者へのアドバイス

会社生活の中で挫折を経験したとか貢献が認められなかったとか、思いがけない不当な扱いを受けたとかで、不満を募らせている人たちがいます。あるいは親の固定概念から発せられた高い期待の刷り込みや、学生の頃の高い偏差値でエリート意識が定着していることによって、内にもつ潜在的自己評価が高すぎる人たちもいます。

彼らの多くは自己評価と現実の評価とのギャップの大きさに悩み、自分を大きく見せようとしてもそれがかなわない現実に、不平不満を内に秘めて自己向上意欲を失い、投げやりな気持ちで過ごしています。なかには何事にもことさら悪意に批判して攻撃的な態度を示す人もいます。彼らにどのようなアドバイスができるでしょうか。次の二つの視点で話し合うキッカケをつくってはどうでしょうか。

◆自己への期待を変えさせる

長年思い悩んできた自分のありようをここで一旦消去する。現実に評価されている自分の姿に思い切って変換し、ありのままの自己で周囲とコミュニケーションすることを促す。失敗で落ち込んでいる者には励ます言葉をかける。「失敗には多くの学びがあり、失敗をたくさんしている人には多様な知識が増えているはずだ。最終的には成功の確率は高いのだ」と。現実に私たちは失敗のプロセスがあって初めて未知の壁をこわし、思考が解放され、現状打開のアイディアをつかんできている。

また自分の中では上級リーダーを目指していても、客観的にはその適性はなく、教えることが好きだったり協働することに喜びを感じる特性をもつようであれば、若者を応援し育成する役割、事業の成長をけん引している「出る杭」を支援する役割に目覚めさせることである。また適性によっては改めて、プロフェッショナルあるいはスペシャリストへのキャリア開発のスタートラインに立ち、生き抜く覚悟をもたせる。

そこで生まれ変わった自分に芽生えた新しい自己評価と現実の評価には、もはや悩み惑うようなギャップはなくなる。周囲からの好感をもった期待を感じながら、平安な心で仕事に集中でき、それが直接組織への貢献につながっていく。

◆再噴射してガムシャラな挑戦を促す

現実の自分に対する低い評価を、潜在的にもつ高い自己評価に近付けるためには、ただガムシャラに挑戦するしかない。これまで不平不満で「ぶつぶつ・うじうじ」だったり、周囲への攻撃的言動を自らの意志で振り払って、期待する自分の姿を追い求めることを促す。本来不平不満型の人はかつてがんばった時期があり、潜在能力はあるに違いない。いろいろなことに気付き、現状への批難もそれなりに説得力をもっていたり、不満分子の集まりとはいえ仲間作りもできるのだから。

自身で精神的な変革を遂げることができれば、彼らがもつ批判精神を大いに発揮させ、逆転の発想を促し期待する。革新的な課題の発見やビジネスモデルの創造的転換を発想する貴重な存在になるかも知れない。リーダーはこのような批判者をあえて身近におき、ブレーンの一人として組織の大きな戦略構想の激流の中に巻き込み、革新的な思考と行動を要求していくという思い切った手段はあり得る。今の時代は現状を変革する取り組みは大歓迎され、発案者は中核的役割が与えられる。必ずや現実の評価は上がり、長年の内なる思いとのギャップに悩むことも忘れてしまうだろう。そして自分の再噴射を実感できたとき、期待されるプロジェクトに邁進する自分に、感動と幸せを感じるに違いない。リーダーはこのプロセスの素晴らしさに気付かせてあげてほしい。

おわりに

本書は、成長を模索しているリーダー、あるいは苦悩しているリーダーを応援し勇気を与えたいとの思いで書き始めたものです。最近製造企業の技術系中堅リーダーの人たちと懇談する機会がありました。思い思いの意見を出し合って盛り上がり、楽しい時間を過ごしました。

「マネジメント的なことを軽くできるように工夫し、リーダーシップに重点を置けるようにしたい」「リーダーシップのイメージが分かりにくくて、改めて学んでみたい」「これまで技術的なことで頭がいっぱいだったけど、経営のメカニズムを分かっていないことが気になってきている」「新しいテーマや目標が最近上司からおりてくることがなくなって、メンバーからの突き上げもなく、結局は現状の突破口は自分で考えるしかない」「私は逆で、テーマがありすぎて、優先順位を決めかねて困っている」「今人材育成の真っただ中で、個性や能力の違うメンバーをどうリードしていけばよいのかと思案することが多い」「リーダーになったばかりだが、考え方とか精神的な問題とか、日々の仕事の奥深いところに大切なことがありそうな気がしている」などなど、リーダーとして悩みながらも日々がんばっていることが感じられました。

事業活動の中核的役割を担う中堅リーダーに語りかけたいと思ってきたことが、現実に今活躍しているリーダーたちの問題意識と共通していることに、確信をもつことができました。

リーダーが一段高いリーダーシップを発揮しようとするときには、自己を見つめ直し自ら変化する必要性が出てきます。まずはゆったりとした気分で、これまでの人生を振り返ってみることだと思います。例えば子供のころからの自己形成に大切な意味をもつ出来事や、心に残る言葉を思い出してみます。うれしかったこと、楽しかったこと、ほめられたこと、感動したこと、ありがたいと思ったことなどを思い出していくと自分の特性、とりわけポジティブな側面が見えてきます。

一方反省点や失敗したこと、無念な思いをしたことなども浮かんできます。特に企業に入って挑戦的に行動してきた人は多くの失敗を経験しています。しかしそれは次に活かす糧にすればよいのです。彫刻家、佐藤忠良の次の言葉を思い出します。「人間、本物になる方法は何だと思いますか。それは失敗を重ねることです。失敗してそれじゃあ次はこうしようと汗をかいて挑戦して、また失敗してこつこつ積み重ねていって初めて深みや厚みが出てくる。失敗を重ねて何かを見つける。ものを見抜く力が生まれる。それが個性です」。胸に浸み込んできます。

また自分を変えていくために、「目的」と「希望」をもつことは大変重要なことです。これまでの人生のどこかで、目的と希望によって人は変われるものということを実感したことがあると思います。目的達成へのシナリオを構想し、希望のストーリーを描けば、新たな発想でリーダーシップに挑戦的に取り組むことができます。企業経営が独特の戦略ストーリーに希望を託し成長を遂げていくように、リーダーもまた自分自身のおもしろい希望のストーリーをもって、それをやり抜く行動力を発揮してもらいたいと思います。

目的に挑戦するとき、ここで言わなければ、今動き出さなければと思っても、行動に移すのはなかなか難しいものです。行動力を発揮するためには勇気がいります。勇気とは「自分が恐れていることをする力」です。心の内の葛藤を制して勇気を出す源を考えてみると、目的に対して「学び」「考え」「行動する」、このサイクルを粘り強く回して考え抜きその結果として、自分の特性を活かしやり抜く衝動だと思います。このあふれ出たエネルギーが勇気ある行動になっていきます。

勇気ある行動は、往々にして既成の概念や常識から激しい抵抗を受けます。一人で立ち向かっても強風に吹き飛ばされる危険が待ち受けています。理念を共有し、互いに勇気づけ合える連帯の形成を考えます。連帯の輪を拡げて初めて勇気ある行動が現実を動かしていきます。

中堅リーダーのリーダーシップに導かれてメンバーが活性化し、チームワーク力を高めていくと、周囲のチームにも伝播していきます。また上級リーダーもこの変化を理解しようと話し合いの場が生まれ、コミュニケーションは深まりリーダーシップの意義も伝わります。こうして組織活性化の連鎖の起点になっていきます。

活力あるチームが周辺に現れてきたところで、次のステップに入っていきます。まずは身近な部門内のチーム間で、共通の目的に挑戦する共同体意識をもって、情報と知恵を出し合い協働関係を築きながら、同時に競争意識に高揚感をもって課題に取り組みます。この状況を経営の支援も得て自然な形で作り上げるのです。「共同体意識」と「競争意識」の共存が創造的な発想を生み、効果的・効率的な取り組みを導き、独特の成果を生むことになると考えます。セクショナリズムを排し、全体最適の意志を固めたイノベーション創出の組織運営システムが、部門内に留まらず全社的に作られる状況を想像してみてください。そしてさらには社外にも大きく視野を拡げ、例えばシリコンバリーで展開されているような、あるいはオールジャパン的発想で、企業間での共同体意識と競争意識の共存関係が作られたら素晴らしいことだと思います。そこでの異質なものの衝突が、革新的な技術と独特のビジネス展開力を導くと考えます。中堅リーダーとして困難に耐え、研鑽を重ねて乗り切ったとき、きっとおもしろいアイディアが次々と浮かび、希望が大きく膨らんでいると思います。

「学び」は経験を重ねないと理解するのに難しいところがあります。中堅リーダーのみなさんには将来を目指して、自ら手を上げていろいろな経験をしてもらいたいと思います。多様な経験が既成概念の枠を開放し、知識を深く理解する基盤になっていきます。それぞれの経験が自分なりのストーリーの中で必ずつながっていきます。ただ現実の体験だけでは多様性に限界があります。そこには書物などを読み疑似体験を重ねて補います。そこには多くの企業や各界のリーダーとの出会いがあり、歴史上の人物にも出会えます。こうして自分らしいリーダー像を自分なりに作り上げていくことを願っています。本書が、前途あるリーダーたちに何かの参考になれば幸いです。

参考文献

『第2版　リーダーシップ論』ジョン・P・コッター、黒田由貴子／有賀裕子／DIAMONDハーバード・ビジネス・レビュー編集部訳、ダイヤモンド社、2012
『ザ・ファシリテーター』森時彦、ダイヤモンド社、2004
『新訂　競争の戦略』M・E・ポーター、土岐坤／中辻萬治／服部照夫訳、ダイヤモンド社、1995
『イノベーションのジレンマ』クレイトン・クリステンセン、玉田俊平太監修、伊豆原弓訳、翔泳社、2001
『あたらしい戦略の教科書』酒井穣、ディスカヴァー・トゥエンティワン、2008
『ストーリーとしての競争戦略』楠木建、東洋経済新報社、2010
『スティーブ・ジョブズ　Ⅱ』ウォルター・アイザックソン、井口耕二訳、講談社、2011
『ビジネスモデル・イノベーション』ラリー・キーリー／ライアン・ピッケル／ブライアン・クイン／ヘレン・ウォルターズ、平野敦士カール監修、藤井清美訳、朝日新聞出版、2014
『スティーブ・ジョブズ　Ⅰ』ウォルター・アイザックソン、井口耕二訳、講談社、2011
『ジョン・P・コッター　実行する組織』ジョン・P・コッター、村井章子訳、ダイヤモンド社、2015
「よい影響力、悪い影響力」ロバート・チャルディーニ、倉田幸信訳、『DIAMONDハーバード・ビジネス・レビュー』73頁、2014年1月

『コトラー&ケラーのマーケティング・マネジメント』フィリップ・コトラー/ケビン・レーン・ケラー、恩藏直人監修、月谷真紀訳、ピアソン桐原、2008